Ars moriendi

Klaus Arntz (Hg.)

Ars moriendi

Sterben als geistliche Aufgabe

Verlag Friedrich Pustet
Regensburg

Bibliografische Information der Deutschen Nationalbibliothek

Die Deutsche Nationalbibliothek verzeichnet diese Publikation
in der Deutschen Nationalbibliografie;
detaillierte bibliografische Daten sind im Internet über
http://dnb.d-nb.de abrufbar.

www.pustet.de

ISBN 978-3-7917-2112-5

Umschlaggestaltung: Atelier Seidel, Teising
Umschlagmotiv: Eigenarchiv Atelier Seidel (© Nick Schlax)
Druck und Bindung: Friedrich Pustet, Regensburg
Printed in Germany 2008

Inhalt

Vorwort

„Wie möchten Sie sterben?“ Diese Frage gehört zum berühmten Marcel Proust'schen Fragebogen, mit dem man sich einst in den eleganten Salons des bürgerlichen Frankreich die Zeit vertrieb. Lange in Vergessenheit geraten, wurde das geistreiche Frage-und-Antwort-Spiel durch das Magazin der *Frankfurter Allgemeinen Zeitung* in den 1980er- und 1990er-Jahren wiederbelebt. Zahlreiche prominente Zeitgenossen gewährten durch ihre Antworten Einblicke in ihre Persönlichkeit und ihre Vorstellungen vom gelingenden Leben.

„Wie möchten Sie sterben?“ In der Ausgabe des genannten Magazins vom 10. Dezember 1993 antwortete der australische Bioethiker Peter Singer auf diese Frage: „Mit dem Gefühl, dass ich einen Beitrag geleistet habe, die Menge an Schmerz und Leiden in der Welt zu verringern, und dass ich dabei ein erfülltes und befriedigtes Leben gelebt habe!“[1]

Diesem Anliegen kann man die Zustimmung nicht so leicht versagen, ohne zugleich die für Peter Singer damit verbundenen bioethischen Konsequenzen zu akzeptieren. Das Bemühen um effektive Schmerzminderung, die entschiedene Anstrengung, das Leid in der Welt zu verringern und die Bereitschaft, Krankheit, Leiden und Sterben als gemeinsame Verantwortung und Herausforderung zu begreifen, ist – unbeschadet aller Differenzen in den konkreten Wegen, die dabei beschritten und den medizinischen Mitteln, die dabei zum Einsatz kommen sollen – eine verbindende Grundüberzeugung, der sich auch die theologische Ethik verpflichtet weiß.

Wer einen Beitrag zur geistlichen Aufgabe des Sterbens leisten will, muss sich gegenwärtig neuen Herausforderungen stellen, weil sich die Wünsche vieler Menschen im Blick auf das persönliche Sterben in der Wirklichkeit nur in den seltensten Fällen erfüllen. Das Ideal, nach einem langen, erfüllten

1 Peter Singer, Fragebogen, in: Frankfurter Allgemeine Zeitung Magazin Nr. 719 (10. Dezember 1993), 44.

Leben im Kreis vertrauter Menschen sein Leben zu beenden, steht im offensichtlichen Gegensatz zur Realität des Sterbens in der modernen Gesellschaft.

Die demographische Entwicklung, die Ambivalenz der modernen Apparatemedizin, die ethische Spannung zwischen dem medizinisch Möglichen und dem menschlich Sinnvollen, die Frage nach dem Sinn von Krankheit, Leid und Tod, das sind einige zentrale Stichwörter in der gegenwärtigen Diskussion zur Würde des menschlichen Lebens an seinem Ende.

Aus unterschiedlichen Blickwinkeln und Fachrichtungen wird dieses Anliegen in den nachfolgenden Beiträgen ausgelotet. Wegweisend ist dabei die Frage, welche Hilfestellungen die christliche Kunst des Sterbens (= Ars moriendi) anbietet? Was tragen die theologische Anthropologie und die Eschatologie[2] dazu bei, dass wir getröstet sterben? Wie kann das Sterben menschenwürdig gestaltet werden?

1. Jean-Pierre Wils (Nijmegen/Niederlande) setzt sich in seinem Beitrag kritisch mit einer fragwürdigen Idealisierung der historischen Ars moriendi auseinander. Das Konzept des idealen Sterbens – den Zeitpunkt und die Umstände des Todes betreffend – sei immer eine Fiktion gewesen, die nur begrenzt den gesellschaftlichen Realitäten entsprochen habe. Folglich dürfe man die Vergangenheit nicht zu Ungunsten der Gegenwart verklären, um aktuelle Bemühungen um ein menschenwürdiges Sterben von vornherein zu diskreditieren. Jede Zeit habe eine eigene Sterbetechnik entwickelt. Die aktuelle Herausforderung bestehe folglich darin, eine Weise des Sterbens zu ermöglichen, die unseren gegenwärtigen Ansprüchen an Humanität und Menschenwürde gerecht wird.
2. Herbert Vorgrimler (Münster) lotet in seinem Artikel den theologischen Beitrag zu einer möglichen Kunst des Sterbens aus. Auf der Basis bibeltheologischer und christologi-

2 Dazu Benedikt XVI., Enzyklika „Spes salvi“ (30.11.2007), in: Verlautbarungen des Apostolischen Stuhls Nr. 179 (hg. v. Sekretariat der Deutschen Bischofskonferenz), Bonn 2007.

scher Überlegungen ermuntert er zu einem – aus dem Geist des Evangeliums motivierten – Einsatz gegen Krankheit und Leiden in der Welt. In diesem Zusammenhang setzt er sich mit traditionellen Deutungen der geistlichen Theologie auseinander und kritisiert fragwürdige theologische Fehlinterpretationen des lebensbedrohenden Leidens, die dazu aufriefen, „aus religiösen Gründen den Widerstand aufzugeben, ja sogar gefügig in das Leiden einzuwilligen in der Meinung, so in einer besonders richtigen Weise die Nachfolge Jesu zu praktizieren".

3. Susanne Brüggen (Kreuzlingen/Schweiz) analysiert und systematisiert die zahlreichen Ratgeber zum Thema Tod und Trauer. Diese spezielle Literaturgattung, die sich zunehmend am Büchermarkt etabliert, reagiert auf den heutzutage unübersehbaren Verlust jener traditionellen Sinnpotentiale, die sich aus der klassischen Ars moriendi ergaben. Die Möglichkeiten und Grenzen dieser Ratgeber werden auf der Basis empirischer Forschungen beleuchtet.
4. Ruthmarijke Smeding (Brüssel/Belgien) skizziert in ihrem Beitrag das mit ihrem eigenen Namen verbundene Modell „Trauer erschließen", das sich markant von den gemeinhin bekannten Stufen- und Phasenmodellen unterscheidet. Der Artikel will die Chancen einer guten Trauerbegleitung verdeutlichen und aufzeigen, dass es – vor dem Hintergrund neuester trauerwissenschaftlicher Erkenntnisse – möglich ist, durch einen innovativen Zugang wichtige Hilfestellungen für die Hinterbliebenen zu geben.
5. Stärker praktisch ausgerichtet und in konkreten klinischen Alltagssituationen bewährt hat sich das Projekt der Palliativmedizin, das Claudia Bausewein (München-Großhadern) vorstellt. Hier werden die Möglichkeiten einer angemessenen Begleitung am Lebensende aus medizinischer Sicht thematisiert.
6. Einen Einblick in die Hospiz-Arbeit ermöglichen die Ausführungen von Christoph Strauss (Augsburg). Sie bilden nicht von ungefähr den Abschluss der Beiträge. Die Initiativen der Hospiz-Bewegung sind eine wichtige und unerlässliche praktische Horizonterweiterung für die theoreti-

schen Diskussionen. Zugleich sind sie ein Beweis für die Möglichkeit einer menschenwürdigen Ars moriendi unter den Bedingungen der Moderne.

Der Freiburger Philosoph Ludger Lütkehaus hat in seinem Buch „Natalität. Philosophie der Geburt"[3] angemerkt: Ars moriendi – „Todesphilosophie und -pädagogik sind gleichsam die existentielle Prothese, die prämeditative Gymnastik von Wesen, die schon früh gelernt haben zu gehen, mit Bewusstsein in den Tod zu gehen indessen noch lernen müssen".[4]

Die unterschiedlichen Beiträge zum Thema „Ars moriendi. Von der geistlichen Aufgabe zu sterben" sind ein theoretischer wie praktischer Versuch, den aufrechten Gang auch im Angesicht des Todes zu erlernen.

Eine solche Perspektive ist motiviert von jener doppelten Hoffnung, auf die Benedikt XVI. in seiner Enzyklika „Spes salvi"[5] aufmerksam macht. Zum einen gehöre es zum Proprium Christianum – dem unterscheidend Christlichen –, dass es dem Menschen eine nie aufbrauchbare Zukunftsperspektive gebe.[6] Zum anderen sei die christliche Hoffnungsbotschaft „nicht nur ‚informativ', sondern ‚performativ' – das heißt: Das Evangelium ist nicht nur Mitteilung von Wissbarem; es ist Mitteilung, die Tatsachen wirkt und das Leben verändert."

Diesem doppelten Anliegen sind die nachfolgenden Beiträge verpflichtet. Sie informieren über die historischen und theologischen Zusammenhänge einer zeitgemäßen Ars moriendi. Darüber hinaus profilieren sie – im besten Sinne einer praktischen Ethik – die geistliche Aufgabe zu sterben, indem

3 Ludger Lütkehaus, Natalität. Philosophie der Geburt, Kusterdingen 2006.

4 Ebd., 12.

5 Benedikt XVI., Enzyklika „Spes salvi" (30.11.2007), Nr. 2, in: Verlautbarungen des Apostolischen Stuhls (hg. v. Sekretariat der Deutschen Bischofskonferenz), Bonn 2007, 6.

6 Siehe dazu auch Joseph Ratzinger / Paolo Flores d'Arcais, Gibt es Gott?, Berlin [3]2006, 21: „Atheist sein bedeutet einfach, der Meinung sein, dass sich alles hier und jetzt, in unserer begrenzten und unsicheren Existenz abspielt" (führt Paolo Flores d'Arcais aus).

sie verdeutlichen, wie das theologische Hoffnungswissen zu einer veränderten Praxis im Umgang mit Kranken, Leidenden und Sterbenden führt. Auf diese Weise kann deutlich werden, worin der humanisierende Beitrag einer geistlichen Theologie für die Bewahrung der Menschenwürde am Lebensende besteht.

Klaus Arntz

Elemente einer Kulturanthropologie des Sterbens

Vorüberlegungen zu einer Debatte über Sterbehilfe

Jean-Pierre Wils

Warum eine Debatte heute so dringlich ist

Naheliegende Gründe werden oft übersehen. Eine an Evidenz grenzende Ursache der anhaltenden und anschwellenden Debatte über das Sterben lautet: Menschen sterben heute in aller Regel entschieden länger, als dies früher der Fall war. Zwischen dem Zeitpunkt des irgendwann eintretenden Todes und dem Beginn jener Erkrankung, die kausal auf den Tod hinauslaufen wird, liegt häufig ein langer Zeitraum. Die Dauer des Sterbens hat sich heute für manche Menschen geradezu ins Maßlose erstreckt. Wer in einer Gesellschaft lebt, deren techno-medizinisches Profil das Sterben ins Endlose zu dehnen vermag, muss damit rechnen, dass sein Sterben zu einem konstitutiven, um nicht zu sagen, zu einem vitalen Bestandteil seines Lebens wird. Damit keine Missverständnisse aufkommen: Wir haben gute Gründe, die Medizin mit ihrem heutigen Leistungsniveau im Grundsatz zu bejahen. Nur die Wenigsten von uns würden ernsthaft in Erwägung ziehen, das medizinische Können (bzw. Nichtkönnen) des 19. Jahrhunderts herbeizusehnen. Das alternativ-medizinische Repertoire lebt davon, dass die großen Erfolge der sogenannten „Schulmedizin" umso empfindlicher machen für die Bereiche, in denen diese keine Lösung versprechen kann. In diese Lücke hinein stößt – oft mit zweifelhaftem Erfolg – das Angebot einer anderen Medizin. Solche Kompensationsmechanismen sind allzu bekannt: Sowie erst das industrielle Zeitalter das Gegenmodell einer von menschlichen Eingriffen verschonten Natur entdeckt, bleibt es unserer Zeit vorbehalten, wegen der staunenswerten

Leistungen moderner Medizin nach Alternativen Ausschau zu halten. Eine ernsthafte Hinterfragung ihrer Leistungsfähigkeit muss diese Medizin jedoch nicht befürchten. Aber mit ihrer Akzeptanz handeln wir uns strukturell bedingte Folgeprobleme ein – die Verlängerung der Dauer des Sterbens.

Auch dort, wo die Sterbephase noch nicht eingesetzt und das finale Drama noch nicht begonnen hat, leben viele Menschen bereits im subjektiv scharf empfundenen Bewusstsein, das Leben laufe unerbittlich auf ein Ende zu, das in Sicht gekommen sei. Die erfolgreiche Medikalisierung des Lebens, aus der dieses sowohl quantitativ als auch qualitativ großen Gewinn gezogen hat, betrifft auch das Sterben: Es wird teilweise sanfter, aber auch komplexer und ist häufig gerade medikamentenbedingt mit einem Anstieg persönlich tief empfundenen Leidens verbunden. Das Todesbewusstsein jedenfalls bemächtigt sich einer langen Phase des Lebens und übertüncht alle Stimmungen, Handlungen und Geschehnisse mit dem dunklen Firnis des Endes.

Eine weitere Ursache für die Sterbehilfe-Empfindsamkeit hängt unmittelbar mit dem soeben Gesagten zusammen: Mit dem Anstieg der medizinisch bedingten Vitalitätskurve des Lebens wächst proportional auch die Aussicht, einen Zustand erheblicher oder gar radikaler Hilflosigkeit irgendwann aushalten und ertragen zu müssen. Oder anders ausgedrückt: Unabhängigkeit und Abhängigkeit sind die zwei Seiten einer Medaille. Wer die Spielräume des Verhaltens und des Erlebens aufgrund jener ausgedehnten Gesundheit, die uns die moderne Medizin gewährt, auskosten möchte, wird die Einengung umso schmerzhafter spüren, die mit einem Nachlassen der Kräfte bis zur gänzlichen physico-psychischen Erschöpfung einhergeht. Noch bis zu einer nahezu kompletten Hinfälligkeit kann die Intensivmedizin uns als Lebende erhalten. Selbstschätzung und Selbstrespekt werden hier fulminant auf die Probe gestellt. Die Durchkreuzung des Selbstbildes, an dem man sich zeitlebens ausgerichtet hat, ist Quelle eigenen Leidens, sobald all das, was einem wichtig und wertvoll war, abhanden gekommen ist. Der oft vorgebrachte Einwand, es seien lediglich unsere Kultur der Machbarkeit und ihr Gesundheitskult, die es uns zunehmend unmöglich machten, Abhängigkeit und Krankheit zu ertragen und zu akzeptieren, greift hier zu kurz. Zunächst gilt, dass das Leidenkönnen kaum als eine nachahmungswerte Tugend bezeichnet werden kann. Niemand sollte einem anderen das Maß seines Leidens auferlegen wollen. Hier ist jeder zu Recht Anwalt in eigener Sache und wo er dies nicht mehr kann, sollten wir advokatorisch an seine Stelle treten.

Darüber hinaus ist es keineswegs ausgemacht, ob wir in der Tat so viel unfähiger geworden sind, Schmerzen und Leiden zu ertragen, als dies die Generationen vor uns angeblich konnten. Ihnen blieb im Grunde keine Wahl. Aber ein längeres Leben impliziert auch das gewachsene Risiko, von Krankheiten und Gebrechen, von Schicksalsschlägen und psychischen Überbelastungen, heimgesucht zu werden. Leidenserprobt sind auch wir. Vor allem aber fehlt uns hier der redliche Vergleich mit einem Zeitalter, in dem Menschen dies alles viel besser beherrschten als wir, die angeblich Übersensiblen und Leidensunfähigen. Auch hier drohen Geschichtsklischees, mit denen wir unserem Kulturpessimismus oder unserem Ressentiment gegen eine technologische Moderne Ausdruck verleihen. Wer allzu schnell von einem „Machbarkeitswahn" erzählt, vergisst, dass „Gesundheit" und „Machbarkeit" zutiefst verschwistert sind. Gestritten werden sollte nicht über Alternativen zur Machbarkeit, sondern über die Art der Machbarkeit. Über sie lohnt es sich in der Tat, verschiedener Meinung zu sein.

Die Dauer der Hinfälligkeit und die Aussichtslosigkeit einer Erkrankung können jedenfalls zu einer Potenzierung des Leidens führen, nämlich zu einem Leiden an der Sinnlosigkeit des Leidens. Sobald die lindernden Ressourcen einer „spirituellen Anästhesie", die sich aus religiöser oder philosophischer Leidensdeutung speisen, nicht mehr vorhanden sind, kann gleichsam eine Verdoppelung des Leidens entstehen. Die Richtigkeit einer solchen Diagnose besagt jedoch noch nichts über die Therapie. Eine Rückkehr zu diesen religiösen Quellen kann lediglich empfohlen, keineswegs aber abverlangt werden. Wer sich zum Zwecke der Leidenslinderung auf die Suche nach solchen Quellen macht, wird sie vermutlich verfehlen. Die weitreichenden Verschiebungen in der Weltsicht und im persönlichen Erleben erlauben keine einfache Rückkehr. Darüber hinaus wird häufig die Leidens*vermehrung* unterschätzt, die in zahllosen religiösen Sinngebungen enthalten ist. Zum Leiden wurde mancherorts geradezu religiös ermutigt. Und je spiritueller das Leiden eingekleidet wurde, umso unausgeprägter war häufig die Aufmerksamkeit für die reale somatische Härte des Schmerzes. Die erhabene Deutung des Leidens übersah dann dessen nackte Materialität. Nebst den wirksamen Praktiken und Lehren der Leidenssublimation existierten auch solche, die zur verqueren Ideologie und zur pathologischen Leidensfixierung entarteten.

Eine dritte Antwort auf die Frage, warum uns die Sterbehilfe zu einem so drängenden Anliegen geworden ist, hat mit einem fundamentalen Wechsel im moralischen Profil unserer Kultur zu tun. Moralische Fragen, zumal jene, die mit dem persönlichen Stil einer Interpretation des guten Lebens und somit auch des guten Sterbens, der „Euthanasie", zu tun haben, sind mit der Vorstellung der Autonomie liiert. Autonomie heißt hier lediglich, dass man selbst in den Prozess der Entscheidungsfindung, in dem über das Tun und Lassen angesichts des Sterbens geurteilt wird, einbezogen werden möchte. Wer Autonomie in Anspruch nimmt, stellt sich nur ganz selten auf den Standpunkt eigensinniger Zuständigkeit für sein Handeln. Meistens will man nur beteiligt sein und lediglich im Konfliktfall das moralische Recht in Anspruch nehmen, Respekt für die eigenen starken Wertungen zu erhalten und Toleranz hinsichtlich des daraus folgenden Handelns zu erfahren. Nur in solchen Fällen, in denen man ohne Schädigung Dritter sein Leben und sein Sterben gestalten kann, sollte einem die Freiheit dieser Autonomie gewährt werden. Anspruchsvollere und stärkere Konzepte der Autonomie lassen wir vorerst beiseite.

Gewiss stehen Haltungen, die mit der „Akzeptanz" des Schicksals, mit der „Einwilligung" in das Unabänderliche und mit der „Passivität" des Seinlassens verknüpft werden können, in unserer Gesellschaft nicht hoch im Kurs. Man mag das bedauern und sich erhoffen, dass wir weniger das Tun als vielmehr das gelassene Abwarten, das Geschehenlassen, kultivieren sollten. Als Korrektiv für die manchmal besessenen Aktivitäten, mit denen wir durchs Leben rasen, wäre eine solche Wiederentdeckung der Passivität gewiss wünschenswert. Aber die schwache Version der Autonomie, die wir soeben skizziert haben, darf mittlerweile – vor allem im Bereich der Medizin und dort als „Patientenautonomie" bekannt – als ein substantieller und unverlierbarer Bestandteil unserer Moralkonzepte bezeichnet werden. Die „Patientenautonomie", die von der einfachsten Informationsverabreichung bis zur dramatischen „informierten Einwilligung" in Sterbensangelegenheiten reicht, gehört jedenfalls zur moralischen Kultur in den Angelegenheiten sogenannter „letzter Dinge", der „mortal questions" (Thomas Nagel). Wir wollen im Hinblick auf die Art, wie wir sterben, nicht entmündigt und entmutigt werden. Wir möchten uns nicht bereits abhanden kommen, bevor wir gehen müssen.

Wir pochen hier deshalb auf einen eher schwachen Begriff von Autonomie, weil man die Überforderungen vermeiden sollte, die mit einem abstrakten Pathos der Selbstbestimmung einhergehen. Patienten und a fortiori solche Menschen, die Sterbende sind, können nicht einfach als sich selbst bestimmende Wesen aufgefasst werden, jedenfalls nicht immer und sicher nicht im Augenblick ihres Leidens. Wie es das Wort bereits ausdrückt, sind Patienten duldende, leidende, weil versehrte und verletzte Menschen, die man nur um den Preis einer Karikierung als frei und uneingeschränkt überlegungsfähig bezeichnen kann. Sie sind seelisch und körperlich tiefreichenden Einschnitten und Einschränkungen unterworfen. Man darf sich darum nicht damit begnügen, Autonomie lediglich zu postulieren. Angemessener wäre es, in der Ethik von einem „funktionalen Begriff der Autonomie" (Christoph Holzem) auszugehen. Autonomie wird dann nicht als eine immerwährende Fähigkeit des Menschen missverstanden, auf die man bequem rekurrieren kann, sondern als ein Diskurselement, als ein Bestandteil des Prozesses ethischer Entscheidungsfindung, in dem unter den gegebenen Umständen und unter Berücksichtigung des dosierten Vorhandenseins dieser

Autonomie die Präferenzen und Wünsche des jeweils Betroffenen größtmögliche Berücksichtigung finden sollten.

Die Kontroverse um die Sterbehilfe hat aber auch deshalb eine solche Dringlichkeit erreicht, weil uns ein fraglos akzeptiertes Medium moralischer Verständigung nicht mehr ohne Weiteres zur Verfügung steht. Die „Erfindung" der Patientenautonomie kündigte dieses Problem schon an, denn sie löste vor nunmehr fünfzig Jahren bereits die ausschließliche Gültigkeit eines anderen Moralparadigmas ab. In diesem älteren Paradigma hatte sich das Ethos des hippokratischen Eides mit seinem latenten Paternalismus mit einer christlichen Moraldoktrin verschränkt, die in Fragen der Sterbehilfe auf starke Restriktionen setzte. Während das neue Autonomieparadigma der Stimme des Patienten bereits einen bedeutenden Stellenwert verlieh, geschah in der Folgezeit etwas, das die noch verhältnismäßige Einstimmigkeit, die zwischen Arzt und Patient dort noch postuliert wurde, zunehmend auflöste: Seit den späten Siebzigerjahren des letzten Jahrhunderts machte sich ein ethischer Pluralismus breit, der die Verständigung über „letzte Fragen" zunehmend erschwerte.

Die „klassische" Patientenautonomie ging im Grunde stillschweigend davon aus, dass es zwischen den Beteiligten eigentlich selten oder nie zu einem wirklichen Bewertungskonflikt komme. Sind die notwendigen Informationen hinsichtlich der Risiken einer Behandlung mitgeteilt worden und willigt der Patient ein, wird davon ausgegangen, dass der Sachverhalt geregelt ist. Aber in zunehmendem Maße wurden die Behandlungszwecke bzw. deren Wertungen selbst zum Gegenstand einer Kontroverse. Die Reichweite des Autonomieparadigmas wurde demnach erweitert – es erstreckte sich nun auf die starken Präferenzen und Wertungen des Patienten und damit auch auf die Vorstellungen über die Art zu sterben. Die liberalen Ansätze, die die Beziehung zwischen Arzt und Patient als eine Art frei auszuhandelnden Vertrag auffassen, die Ethiken des guten Lebens und anverwandte Positionen an Präferenzen und Grundrechten orientierter Herkunft räumen nun den Betroffenen mehr oder weniger große Spielräume freiheitlicher Selbstbestimmung ein. Jedoch stemmen sich streng deontologische, religiös motivierte und an kategorischen „negativen“ Pflichten ausgerichtete Moralkonzepte, oftmals mit Dammbruchphantasien aufgerüstet, mit aller Kraft gegen eine solche Liberalisierung in Sachen Sterbehilfe.

Zunehmend schienen die Verständigungspotentiale abzunehmen, zumal auch der Konsens über die Begrifflichkeit, mit der einst die Sterbehilfefrage ethisch kartiert wurde, zu versagen begann. Die alte Ethik der Sterbehilfe verwendete die Unterscheidung zwischen „aktiv“ und „passiv“, zwischen „intendiert“ und „unintendiert“, „tun“ und „lassen“, „direkt“ und „indirekt“ mit einer gewissen Arglosigkeit. Dadurch, dass sie diese Termini für die Klassifikation verbotener und erlaubter Handlungen einsetzte, wurde davon ausgegangen, dass damit ein umfassender, ausreichend evidenter und deshalb auch im konkreten Fall relativ problemlos funktionierender Moralkanon gefunden war. Diese Sicherheit war jedoch trügerisch. Zum einen zeigte sich, dass die genannten Unterscheidungen alles andere als klar und unproblematisch waren. Zum anderen implodierte dieses Kategoriengefüge oft angesichts der Überkomplexität von Entscheidungen am Lebensende. Sie kollabierten in jenen Situationen, die sich offenbar weigerten, dem Bedürfnis nach einfachen Regeln zu gehorchen. Und solche Situationen haben keineswegs Seltenheitswert. Auf diese Problematik werden wir später noch ausführlicher eingehen.

Ein letzter Grund für die Brisanz der Sterbehilfedebatte mutet auf den ersten Blick eher spekulativ an. Nennen wir ihn den Bruch zwischen Sinngebung und Handlungsführung. Eine einfache Beobachtung kann uns dabei helfen, diesen Bruch zu verstehen. In den Diskussionen über die Sterbehilfe (wie im Übrigen in zahlreichen anderen ethischen Disputen) kann man immer wieder feststellen, dass eine gemeinsame Überzeugung religiöser oder weltanschaulicher Art nicht unbedingt zu Einigkeit in Moralfragen führt. Umgekehrt müssen Differenzen im Hinblick auf solche religiösen Überzeugungen nicht unbedingt zu Uneinigkeit in Fragen der Ethik führen. So ist unter Christen überaus strittig, wie weit eine Liberalisierung der Sterbehilfe gehen sollte und ob sie überhaupt erstrebenswert ist. Ebenso bilden Menschen unterschiedlichster religiöser und nicht-religiöser Anschauungen Allianzen zum Zwecke einer solchen Liberalisierung oder zu ihrer Verhinderung. In früheren Zeiten waren solche Bündnisse eher unwahrscheinlich. Zum einen war der Pluralismus in Weltanschauungsangelegenheiten so gut wie unbekannt. Zum anderen war ein Moralcode bzw. ein Normensystem fest verankert in dem jeweiligen Glaubens- oder Überzeugungsschema. Ernsthafte und signifikante Abweichungen von den durch religiöse Institutionen gehüteten Normensystemen waren relativ selten. Falls solche Abweichungen dennoch artikuliert oder gar praktiziert wurden, führten sie mit für den Abweichler gravierenden Konsequenzen zu einem Häresieverdacht, zu einer Ächtung oder Verfolgung. Selbstverständlich gab es auch damals – wie eh und je – Übertretungen solcher Normen, aber ein öffentlicher Streit um ihre Richtigkeit oder ihre Einschlägigkeit war äußerst selten. Dies ist aber heute anders.

Das, was sich in dieser Entwicklung manifestiert, könnte man die Emanzipation der Ethik von Sinngebungsangelegenheiten nennen. Selbstverständlich haben unsere Moralauffassungen oftmals in Überzeugungen religiöser, weltanschaulicher oder auch politischer Natur eine Heimatbasis. Dasjenige aber, was die Situation heute gewissermaßen unübersichtlich macht, ist die Mehrstimmigkeit, aber auch die Mehrsinnigkeit solcher Verankerungen. Wie gesagt: Gemeinsame Überzeugungen garantieren noch längst nicht Einstimmigkeit in Streitigkeiten der Moral. Ethik lässt sich nicht auf Theologie, Moral nicht auf Religion zurückführen, denn sonst wäre ein zivilisierter Disput über moralische Fragen in unserer heutigen Situation nicht möglich. Auch hier zeigt sich, dass die Debatte unumgänglich, aber auch möglich ist. Ein Bürgergespräch über Sterbehilfe ist jedenfalls notwendig.

Der sanfte Tod und der Schmerz

Ist es der Tod oder vielmehr das Sterben, das wir fürchten? Lakonisch hat Thomas Bernhard in seinem frühen Roman „Der Atem. Eine Entscheidung“ auf diese Frage geantwortet: „Schließlich wird den wenigsten ein Tod ohne Sterben zuteil“ (Thomas Bernhard, S. 64) und somit auf das Problem des Sterbens gewiesen. Noch spitzer geht Thomas Nagel zu Werke, allerdings mit umgekehrter Zielrichtung: „Manchmal wird behauptet, es sei der Vorgang des Sterbens, den wir in Wirklichkeit fürchten. Aber im Prinzip hätte ich ja nichts am Sterben auszusetzen, würde ihm nicht der Tod folgen.“ (Thomas Nagel, S. 19) Hier ist es die Furcht einflößende Rätselhaftigkeit des Todes, die tiefe existentielle Irritationen hervorruft. Während das Sterben ängstigt, weil man das körperliche und geistige Leiden auf sich zukommen sieht, das mit ihm in den allermeisten Fällen zweifelsohne einhergeht, sind es Bilder des Nichts, Bilder einer schattenlosen Schwärze, in der alles restlos ausgelöscht sein wird, die sich der Vorstellung, tot zu sein, anhaften und diesen Zustand für uns so unerträglich machen. Aus diesem Grund kämpfen Menschen seit den frühesten Stufen der Zivilisation gegen die Aussicht auf ein ungestaltetes Sterben und auf einen nur noch nackten Tod an. Sie wollen das Sterben gestalten und schmücken den Zustand des Tot-Seins mit zahllosen, sie tröstenden oder auch beunruhigenden Bildern aus, mit Gemälden unterschiedlichster Couleur. Schlimmer noch als die Schreckensbilder, die mit anhaltender Strafe und Pein drohen, scheinen die Bilder des Nichts zu sein, die unser vollständiges Erlöschen vor Augen führen und uns mit kalter Nüchternheit zwingen, uns mit der Perspektive vertraut zu machen, dass wir dorthin zurückkehren, wo wir herkommen – in eine unvorstellbare Zeit puren Nicht-Daseins.

Der Tod und das Sterben sind dennoch zweierlei. In Zeiten, in denen Menschen noch mit der ganzen Realphantasie eines drohenden Menschheitsgerichts auf ihren Tod zusteuerten, musste gerade der postmortale Zustand tiefe Beunruhigung hervorrufen. Er machte deshalb sorgfältigste Vorbereitung erforderlich. Heute dagegen richtet sich das Augenmerk, da die

Jenseitsimagination, wenn auch nicht gänzlich verblasst, dann doch Gegenstand von freien Spekulationen geworden ist, die sich nicht länger an das Gängelband der Glaubensorthodoxie legen lassen, in zunehmendem Maße auf den Prozess des Sterbens selbst.

Nicht nur die Frage, wo uns der Tod hinführt, interessiert uns, sondern vor allem jene Frage, wie wir sterben können und dürfen, brennt uns unter den Nägeln. Ein Teil der Sorge um das Jenseits des Lebens, die Menschen phasenweise voll in Anspruch nehmen konnte, hat sich auf das Diesseits des Lebens, auf seine letzte Phase, zurückverlagert, auf den Vorgang des Sterbens. Das Sterben ist für viele Menschen nicht bloß ein Übergang, eine Transmission zwischen ihrem Leben und dem, was danach kommt, sondern eine Phase tiefster existentieller Selbstgegenwart, in der sie nicht ultimativ entmündigt werden möchten. Damit ist längst nicht gesagt, dass die Sterbephase einst unwichtiger erschien oder mit geringerer Sorgfalt gestaltet wurde. Das Gegenteil dürfte der Fall sein. Die Riten, die das Sterben umgaben, legten ein Zeugnis ab von der Anteilnahme und Trauerkreativität, die Menschen angesichts des großen Endes mobilisieren konnten. Dennoch lässt sich nicht leugnen, dass das Sterben als eine Phase des *eigenen* Lebens heute noch größere Aufmerksamkeit gewonnen hat. Wie immer Menschen sich eine postmortale Existenz vorstellen (oder auch nicht) – sie möchten ihr Sterben nicht ganz aus der Hand geben.

Von dieser Verlagerung der Blickrichtung, die nun das Diesseits des Todes – das Sterben – zum Gegenstand einer eigenen Verantwortung machen möchte, kündet ein Gedanke von Simone de Beauvoir aus ihrem Buch „Ein sanfter Tod", in dem sie den qualvollen Tod ihrer Mutter beschrieben hat. Es dominiert hier selbstverständlich die existentialistische Sicht, dass das Leben am Ende auch wirklich endet, sodass für Jenseitsspekulation überhaupt kein Platz mehr bleibt. Aber sogar dann, wenn man die philosophische Interpretation nicht teilen würde, dürfte man verstehen, dass hier eine Rückwendung auf den Vorgang des Sterbens stattgefunden hat, der für zahllose Zeitgenossen unmittelbar verständlich sein dürfte. De Beauvoir berichtet, dass es für sie unerträglich gewesen wäre, wenn ihre Mutter hätte sterben müssen, ohne den letzten Wunsch erfüllt zu bekommen, die Tochter noch einmal zu sehen. Es ist der philosophische Standpunkt, der hier mit der sich plötzlich einstellenden Erfahrung ringt, dass die Akzeptanz des Nichts keineswegs bedeuten muss, dass das Sterben nun ebenfalls bedeutungslos geworden ist. „Warum sollte man einem Augenblick soviel Bedeutung beimessen, da doch kein Gedenken sein wird? Und auch keine Vergeltung? An mir selbst erfuhr ich bis ins Mark, daß man in die letzten Augenblicke eines Sterbenden das Absolute legen kann" (de Beauvoir, S. 70).

Offenbar beansprucht der Vorgang des Sterbens eine eigene Dignität und zwar unabhängig von den einzelnen Theologien und Philosophien des Todes. Das Sterben ist ein Anthropologicum, denn es ist eine der ganz wenigen Konstanten im Leben eines jeden, von denen wir mit Sicherheit wissen, dass sie sich ereignen werden. Den Tod teilen wir mit allem, was lebt. Das Sterben des Menschen jedoch hat etwas Singuläres, weil sich der Mensch als ein selbstbewusstseinsbegabtes Wesen dem Wissen um den eigenen Tod nicht entziehen kann, so dass das Sterben schon längst zum Problem geworden sein kann, wo es noch gar nicht eingesetzt hat. Ist es deshalb nicht allzu natürlich, dass Menschen nach einem „sanften Tod", nach einer „Euthanasie" verlangen? Wer könnte es ihnen verübeln, möglichst ohne Schmerzen in den letzten Wochen und Tagen sein zu wollen? Der Schmerz ist allerdings oft der große Unbekannte, weshalb er – diesem Nichtwissen gemäß – auch heftig gefürchtet wird. Es ist sogar oft eher die Furcht vor dem großen Schmerz als dieser Schmerz selbst, wodurch Menschen zur Verzweiflung geführt werden können. Aber auch unabhängig von unseren Phobien ist der Schmerz fürchterlich genug, weshalb wirksame Formen seiner Bekämpfung vonnöten sind. Jedenfalls sollte man von der grundfalschen Vorstellung Abschied nehmen, Schmerzen ertragen zu können, sei eine Art Tugend. Auch ohne solche Empfehlungen gibt es noch genügend ungerecht verteilte Schmerzen auf der Welt, die ausgehalten werden müssen, weshalb die Aufforderung, Schmerzen ertragen zu lernen, nur allzu leicht zynisch werden kann.

Eine Ethik der Sterbehilfe wird sich in erster Linie um ein *Verständnis* des Schmerzes bemühen müssen. Das klingt so, als ob wir den Schmerz bislang in seiner Bedeutung für das menschliche Leben vernachlässigt hätten. Aber in einem gewissen Sinne stimmt diese Beobachtung auch. Nicht, dass der Schmerz nicht genügend Aufmerksamkeit auf sich ziehen konnte; jedoch sind es eigenartigerweise eher die zahllosen Interpretationen, die Leidensdeutungen und Leidenssublimationen, die wir aus den Religionssystemen und den Texten unserer Traditionen kennen, als der Schmerz selbst, wie er sich gleichsam in seiner unmittelbaren Materialität manifestiert, die uns bekannt vorkommen. Die *Erscheinungsweise* – der phänomenologische Aspekt – des Schmerzes, seine Wirkungen auf das Subjekt, die Art und Weise, wie er in das Fleisch des Menschen einschneidet und die Existenz umkrempelt, all dies ist uns unbekannter und fremder, als es die erhabenen Schmerzdeutungen vermuten lassen. Oft hat die Spiritualität der Schmerzen in den Leidensspekulationen diverser Theologien die Schmerzphänomenologien zum Schweigen gebracht. Daraus konnte eine Gleichgültigkeit entstehen, die sich dahingehend äußerte, dass die medizinische Heilkunde, die doch nahezu immer mit Schmerzen konfrontiert wird, sich bis vor wenigen Jahren viel zu selten um ein Verständnis dessen gekümmert hat, was ihre Patienten eigentlich unmittelbar umtreibt – der vielfache und vielgestaltige Schmerz, den die diversen Krankheiten verursachen.

Dennoch hätten wir wissen können, wie der Schmerz aus der Erfahrungsperspektive des leidenden Menschen aussieht, denn die philosophische Tradition berichtet oft und ausführlich über dessen Aussehen. Die Erkundung der Innenwelt des Schmerzes sollte jedenfalls allen (oft zu vollmündigen) Interpretationen vorangehen, die vor allem auf eine externe und distanzierte Annäherung gerichtet sind. Es sollte der Schmerz *selbst* erst zu Wort kommen, bevor wir allzu redselig über ihn sprechen. An dieser Stelle aber könnte man einwenden, dass wir nicht über den Schmerz kommunizieren können, weil er – solange er heftig währt – nicht in Sprache umgesetzt wird, während er, sobald er sprachlich artikuliert wird, nicht mehr der erfahrene, sondern lediglich der erinnerte Schmerz geworden ist, dessen Zeugnis nicht mehr ganz zu vertrauen ist.

Man könnte dies *das Argument des Perspektivwechsels* nennen. Gemeint ist der Übergang der Perspektive der ersten Person, die den Schmerz an Leib und Seele erfährt, zu der Perspektive der dritten Person, die sich der Versprachlichung des Schmerzes zuwendet und deshalb den Schmerz bereits hinter sich gelassen hat. Dieser Wechsel der Perspektive geschieht gleichwohl innerhalb der gleichen Person. Er macht lediglich auf den Unterschied zwischen dem Schmerzerlebnis einerseits und der reflektierten Schmerzartikulation andererseits aufmerksam. Überspitzt könnte man sagen, dass in der Reflexion das Erlebnis bereits abhanden gekommen ist, weshalb die Mitteilung nur noch die Rückseite des Schmerzes sehen lässt.

Eine Variante dieses Arguments lautet, dass der Schmerz, also das Schmerzerlebnis Dritter für andere Personen im Grunde niemals zugänglich ist, weshalb wir das Leiden anderer letztlich nicht verstehen, geschweige denn nachvollziehen können. Berühmt geworden ist in diesem Zusammenhang das folgende Zitat aus „Das Blaue Buch" Ludwig Wittgensteins:

„Der Mann, der vor Schmerzen aufschreit, oder der sagt, daß er Schmerzen hat, wählt nicht den Mund aus, der das sagt … Der Unterschied zwischen den Sätzen ‚Ich habe Schmerzen' und ‚Er hat Schmerzen' ist nicht der Unterschied zwischen den Sätzen ‚L. W. hat Schmerzen' und ‚Schmidt hat Schmerzen'. Vielmehr entspricht er dem Unterschied zwischen einem Stöhnen und der Aussage, daß jemand stöhnt" (Wittgenstein, Das Blaue Buch, S. 108f.).

Man könnte dieses das Argument der Fremdheit des Schmerzes anderer nennen.

Dem ersten Argument – dem des Wechsels der Perspektive der ersten Person in die Perspektive der dritten Person – lässt sich begegnen, indem man darauf hinweist, dass dieser Wechsel in einer *jeden* Selbstthematisierung unvermeidbar ist. Die Sprache hat schon immer eine gewisse Distanz zwischen dem Erlebnis und seinem Ausdruck hervorgerufen bzw. setzt diese Distanz voraus. Wer schreit, kann nicht sprechen. Der Schrei unterscheidet sich von der Aussage, weil er aus einer Unmittelbarkeit des Erlebens hervorgeht, die weder Mitteilung noch Kommunikation sondern pure Expression ist. Deren Nachvollziehbarkeit lässt sich in vielen Fällen selbstverständlich kaum in Abrede stellen, aber dies macht die Expression des Schmerzes noch nicht zu einem Fall bloß sprachlichen Austausches. Über den Moment der Lust lässt sich genauso wenig *direkt* etwas aussagen wie über das Erlebnis heftiger Schmerzen. Alle Artikulation, die Sprache in Anspruch nehmen muss, ist deshalb eine Art nachträglicher Interpretation. Sie kommt – hinsichtlich des Erlebnisses – immer zu spät. Aber diese Verzögerung und Distanznahme, die in ihr impliziert sind, machen es erst möglich, über das Erlebnis etwas auszusagen. Die Sprache kann sogar, gerade wegen dieser Differenz zwischen Erlebnis und Ausdruck, zu einer phänomenologisch präzisen Erfassung dessen führen, was sich im Vorgang des Schmerzhabens oder in der Ekstase der Lust ereignet hat, aber dort für ein genaueres Verstehen noch nicht zugänglich gemacht werden konnte. Wir werden in diesem Abschnitt noch auf ein eindrucksvolles Beispiel einer solchen Beschreibung treffen. Jedenfalls hat der Perspektivwechsel nicht notwendigerweise zur Folge, dass der Gehalt des Erlebnisses verloren geht.

Aber auch das zweite Argument – das der Unübertragbarkeit des Erlebnisses bzw. das Argument der Fremdheit des Schmerzes anderer – ist nur bedingt gültig. Selbstverständlich können wir nicht den Schmerz anderer erfahren. Und in einer der besten Abhandlungen zu diesem Thema, in dem Buch von Elaine Scarry „Der Körper im Schmerz“, finden wir ein ähnliches Argument wie das von Ludwig Wittgenstein. Seiner Bedeutung wegen wird dieser relevante Gedanke ausführlicher zitiert:

„Spricht man über ‚die eigenen körperlichen Schmerzen‘ und über ‚die körperlichen Schmerzen der anderen‘, so hat es bisweilen den Anschein, als spräche man von zwei gänzlich verschiedenen Dingen. Jemand, der von Schmerzen heimgesucht wird, nimmt den Schmerz ‚mühelos‘ wahr, ja, er kann es gar nicht vermeiden, ihn wahrzunehmen; für die anderen dagegen ist ‚mühelos‘ gerade, ihn nicht wahrzu-

nehmen (es ist leicht, den Schmerz des anderen zu übersehen; selbst wenn man sich nach Kräften bemüht, mögen Zweifel bleiben, ob er wirklich da ist, und es bleibt auch die verblüffende Freiheit, seine Existenz zu leugnen; wenn man ihn jedoch unter Aufbietung aller Aufmerksamkeit wahrnimmt, dann ist, was man da wahrnimmt, in seiner Unannehmlichkeit nur ein Schatten dessen, was der wirkliche Schmerz ist). Für einen Menschen, der Schmerzen hat, ist der Schmerz fraglos und unbestreitbar gegenwärtig, so daß man sagen kann, ‚Schmerzen zu haben' sei das plausibelste Indiz dafür, was es heißt, ‚Gewißheit zu haben'. Für den anderen indes ist dieselbe Erfahrung so schwer faßbar, daß ‚von Schmerzen hören' als Paradebeispiel für Zweifeln gelten kann. So präsentiert der Schmerz sich uns als etwas Nichtkommunizierbares, das einerseits nicht zu leugnen, andererseits nicht zu beweisen ist" (Scarry, S. 12).

Aber Scarry übertreibt, wenn sie den gewiss unüberwindbaren Abstand zwischen eigenem und fremdem Schmerz derart radikalisiert. Trotz der Unvergleichbarkeit der Schmerzerfahrung und der Schmerzwahrnehmung, zwischen dem erlittenen und dem berichteten Schmerz kann man doch nur schwer behaupten, es mit „gänzlich verschiedenen Dingen" zu tun zu haben. Menschen verfügen sehr wohl über die Fähigkeit des empathischen und spontanen Nachvollzugs anderer Schmerzen. Sicher: Der Zweifel über das Maß solchen Leidens, den man häufig kaum unterdrücken kann, lässt sich nicht wirklich leugnen. Denn dieser Zweifel stellt die Folge der Grenze dar, die uns jeder Versuch, das Leiden anderer nachzuvollziehen, auferlegt. Wir wissen in der Tat nicht *wirklich* bzw. *können* nicht wissen, wie es sich anfühlt, den Schmerz des anderen zu haben, weshalb Zweifel hinsichtlich der Authentizität und Angemessenheit seiner Schmerzartikulation nahezu unvermeidbar sind. Aber andererseits fällt es oft erstaunlich leicht, zwischen Wehleidigkeit oder fingiertem Leiden einerseits und echtem Leiden andererseits zu unterscheiden. Und sobald ein solches Verstehen gelingt, können wir uns einem mitleidenden Nachvollzug kaum gänzlich entziehen. Beobachter oder gar Nachbar fremder Schmerzen zu werden, kann einen *eigenen* Schmerz entstehen lassen, der in den meisten Fällen gewiss seelischer Natur ist, aber deshalb keineswegs als Schmerz minderer Qualität betrachtet werden sollte. Die ultimative Grenze, die die primäre Schmerzempfindung von der sekundären Schmerzempathie trennt, bedeutet also keineswegs, der Schmerz anderer sei uns letztlich unverständlich. Das Maß an Schmerzen, das wir selbst in unserem Leben bereits erfahren mussten, hat eine – mit Sicherheit unterschiedlich dosierte – Schmerzkompetenz entstehen lassen, die es uns ermöglicht, dem Schmerz anderer in bestimmten Situationen ein Nächster sein zu können.

Aber mehr noch: Diese Nähe zum Erlebnis des Anderen beruht nicht auf einer moralischen Anstrengung, die dem Appell gehorcht, nicht stumm und anteilslos zu bleiben, wenn wir andere Menschen leiden sehen. Es ist vielmehr die neuronale Ausstattung unseres Gehirns, die uns dazu befähigt. Wir sind evolutionär begabt mit dem Vermögen, subjektive Zustände dritter Personen selbst nachvollziehen zu können. In einer wichtigen Abhandlung mit dem Titel „Warum ich fühle, was du fühlst" hat der Freiburger Psychoneuroimmunologe Joachim Bauer auf die Rolle sogenannter „Spiegelneurone" hingewiesen, auf ein Gehirnareal, den „Gyrus conguli" oder das zentrale Emotionszentrum des Gehirns, das eine Art neurobiologische Resonanz auf uns umgebende, beobachtete Zustände anderer Menschen darstellt. So sind wir in der Lage, den Schmerz anderer wirklich zu verstehen – er spiegelt sich in uns selbst. Bauer hat darauf aufmerksam gemacht, dass bereits die einfache Beobachtung ausreicht und der Zustand nicht bereits in einem früheren Stadium von dem Beobachter selbst erlitten worden sein muss, damit wir den Schmerz der anderen zwar nicht empfinden, aber immerhin *nach*empfinden können. Auch wenn wir ähnliche Schmerzen noch nicht erfahren haben, können wir sie dennoch irgendwie begreifen. „Die Spiegelaktivität von Nervenzellen für die Vorstellung von Empfindungen erzeugt im Beobachter ein intuitives, unmittelbares Verstehen der Empfindungen der wahrgenommenen Person" (Bauer, S. 44).

Natürlich versetzen auch die Spiegelneuronen uns nicht in die Lage, den Schmerz selbst zu empfinden, aber was sie sehr wohl bewirken, lässt sich als Nachvollzug der emotionalen Qualität des beobachteten Schmerzes bezeichnen. Die Spiegelneuronen verfügen über die Fähigkeit, „in uns jene Zustände zu erzeugen, die wir bei einer anderen Person wahrnehmen. Dies erklärt, warum die Gegenwart eines anderen Menschen, zumal wenn er uns nahe steht, manchmal dazu führen kann, dass wir unterschiedliche, teilweise massive Veränderungen unseres körperlichen Befindens erleben" (Bauer, S. 46).

Wie gesagt handelt es sich hier nicht um die Abbildung der Selbsterfahrung Dritter auf unser eigenes Erleben. Dies hätte die absurde und evident widersinnige Folge, dass wir die Schmerzen anderer auch selbst mit vollzögen. Es handelt sich demnach nicht um Mitvollzug sondern um *Nach*vollzug – um die Teilnahme am emotionalen Gehalt eines fremden Schmerzens, der aufgrund dieses Nachvollzugs an purer Fremdheit verliert. Diese Anteilnahme haben wir unserer neuro-physiologischen Ausstattung zu verdanken. Sie beruht weder auf Einbildung noch auf reinem, gleichsam moralisch induziertem Sollen. „Die Spiegelneurone, die hier entdeckt worden waren, [sind] nicht mehr und nicht weniger als ein Nervenzellsystem für Mitgefühl und Sympathie" (Bauer, S. 47).

Literatur

Joachim Bauer, Warum ich fühle, was du fühlst. Intuitive Kommunikation und das Geheimnis der Spiegelneurone, Hamburg 2005.

Thomas Bernhard, Der Atem. Eine Entscheidung, Salzburg/Wien 1978.

Simone de Beauvoir, Ein sanfter Tod, Hamburg 1965.

Thomas Nagel, Letzte Fragen, Bodenheim b. Mainz 1996.

Ludwig Wittgenstein, Das Blaue Buch. Eine Philosophische Betrachtung (Das Braune Buch), Werkausgabe Bd. 5, Frankfurt/Main 1970, S. 15–116.

Zu einer geistlichen Theologie des Sterbens

Herbert Vorgrimler

Da die Theologie immer vor der Aufgabe steht, sich hermeneutisch anstrengen zu müssen, gilt das auch von einer geistlichen Theologie des Sterbens. Das jahrhundertelang gängige Deutungsmuster des Sterbens in christlicher Sicht bestand aus dem Zusammenhang von Sünde, Schuld und Tod. Es konzentrierte sich auf den *Straf*zusammenhang von Sünde und Tod. Eindeutig lässt er sich aus dem Alten oder Ersten Testament nicht herauslesen. Die sogenannten Parallelisierungen von „Adam", dem Bringer des Todes durch seinen Ungehorsam, und Jesus Christus, dem Bringer des Lebens durch seinen Gehorsam, in den großen Paulusbriefen (Röm 5,12; 1 Kor 15,21f) stehen am Ursprung dieses Deutungsmusters. Es wurde verschärft durch die sogenannte Erbsündentheorie bei Augustinus, die auf einem Übersetzungsfehler in seiner nordafrikanischen lateinischen Bibel beruhte. In Röm 5,12 las er das „eph' ho pantes hemarton" als „in quo omnes peccaverunt". Er meinte damit Adam. In ihm, dem vermeintlich ersten Menschen, in seinem Samen, sei die gesamte künftige Menschheit eingeschlossen gewesen und durch seine Ungehorsamssünde sei sie zur sündigen Menschheit geworden. Paulus hatte nicht die zu zeugenden Kinder gemeint, sondern die tatsächlich zu anrechenbaren Sünden fähigen Erwachsenen, was hätte übersetzt werden müssen: „quia omnes peccaverunt"; von Adam an gibt es keine schuldlosen Erwachsenen. Jedenfalls fasste Augustinus Sterben und Tod aller Menschen als eindrücklichste Strafe Gottes für die Sünde Adams auf.

Viele Generationen gläubiger Christen gaben sich, mehr oder weniger resigniert, mit dieser vermeintlich biblischen Auskunft zufrieden: Wegen Adams Sünde, die wir alle uns zugezogen haben, müssen wir alle sterben. Die Erlösungstat Jesu Christi, folgerte man weiterhin daraus, habe auch für Glaubende und Getaufte nichts daran geändert, dass alle infolge der Sünde Adams sterben müssen. Nur verbal erfolgte eine Änderung: Dieses Sterbenmüssen sei nun nicht eine gegenüber jedem Menschen ausgesprochene Strafe Gottes, sondern eine nicht aufgehobene Sünden*folge*.

Der Zusammenhang von Sünde und Sterben wurde in der christlichen Spiritualität zuweilen noch verschärft, indem der Tod des unschuldigen Jesus nicht nur auf frühere, sondern auch auf spätere Sünden zurückgeführt wurde. Der Gläubige wurde aufgefordert, sich bußfertig mit den Henkern Jesu zu identifizieren. So heißt es in einem Choral: „Was Du hast, Herr, erduldet, ist alles meine Schuld."

Die Aporien der Erbsündentheorie und ihrer Folgen für christliche Spiritualität sollen hier nicht weiter ausgebreitet werden. Es sei nur auf die unhaltbare Auffassung hingewiesen, erst durch die Ungehorsamstat der ersten Menschen sei der Tod in die Schöpfung Gottes hineingekommen. In naturwissenschaftlicher Sicht ist der Tod in das Werden alles Lebendigen einprogrammiert, seit es Lebendiges gibt. Die Möglichkeit der Regeneration durch Zellteilung ist a priori begrenzt. In bibelwissenschaftlicher Sicht ist die Eigenart der biblischen Erzählungen von Paradies und Sündenfall präziser erforscht worden. Ich zitiere aus einer neueren Studie:

„In allen altorientalischen Völkern wurden Urzeitgeschichten erzählt. Sie beanspruchen nicht, historische Gegebenheiten zu berichten, sie wollen vielmehr eine Deutung der Gegenwart vornehmen. Sie erzählen etwas, was niemals war und immer ist. Sie überliefern Menschheitserfahrungen in Gestalt von Vorkommnissen, die niemals im historischen Sinn passiert sind, sondern sich in jeder Zeit als wieder wahr erweisen. Urgeschichten erzählen nicht Einmaliges, sondern Allmaliges als Erstmaliges (Erich Zenger). Der erzählerische Rückgang in die Anfänge verspricht, das gegenwärtig Erfahrene auf seinen Grund zurückführen zu können. Die Sündenfallerzählungen sind als solche Urzeitgeschichten zu verstehen. Es entspricht daher nicht ihrem Sinn, Adam und Eva, Kain und Abel oder Noach als

Menschen zu betrachten, die irgendwann einmal gelebt hätten. Es handelt sich also bei ihnen um Erzählfiguren, die ermöglichen sollen, dass die Hörenden sich selbst mit ihrem deutungsbedürftigen Leben in ihnen wiedererkennen."[1]

Nun lässt sich nicht übersehen, dass die Bibel Anhaltspunkte zu einer anderen Sicht bietet, die sich völlig von der Auffassung unterscheiden, Leiden, Sterben und Tod existierten in der Schöpfung auf Grund einer Strafverfügung Gottes gegen den vermeintlich ersten Menschen „Adam". Die zitierte neuere bibeltheologische Studie weist darauf hin, dass an dem Anfang, wie die Genesis ihn sieht, der Schöpfergott nicht allein ist. Zugleich mit ihm sind die finsteren, todbringenden Chaosmächte da. Indem er das Licht erschafft, nimmt er den Kampf mit ihnen auf. „Im Anfang schuf Gott den Himmel und die Erde. Die Erde aber war wüst und leer [tohu-wa-bohu], Finsternis lag über dem Abgrund und der Geist Gottes schwebte über den Wassern. Da sprach Gott: Es werde Licht! Und es wurde Licht ... Die Todesmächte werden benannt: die Tohuwabohu-Erde als lebensfeindliche Welt, die wüst und leer ist; die Finsternis als Leben verhindernder, todbringender Zustand; der Abgrund beziehungsweise die Flut als verschlingende Todesmacht; die Wasser als ungebändigte und alles überflutende Todesmacht."[2] Diese Mächte sind einfach da. Die Genesis gibt keine Auskunft darüber, woher sie stammen. Der Schöpfergott weist sie mit der Erschaffung des Lichtes in ihre Schranken, ohne sie jedoch zu besiegen.

In diese Perspektive fügt sich eine Todesdeutung im spätalttestamentlichen „Buch der Weisheit" ein:

„Gott hat den Tod nicht gemacht
und hat keine Freude am Untergang der Lebenden.
Zum Dasein hat er alles geschaffen,
und heilbringend sind die Geschöpfe der Welt.

---

1 Paul Deselaers/Dorothea Sattler, Es wurde Licht. Die Botschaft der biblischen Schöpfungstexte, Freiburg i. Br. 2006, S. 48f.

2 Ebd. S. 12f.

Kein Gift des Verderbens ist in ihnen,
das Reich des Todes hat keine Macht auf der Erde;
denn die Gerechtigkeit ist unsterblich.
Gott hat den Menschen zur Unvergänglichkeit erschaffen
und ihn zum Bild seines eigenen Wesens gemacht.
Doch durch den Neid des Teufels kam der Tod in die Welt,
und ihn erfahren alle, die ihm angehören" (1,13–15; 2,23–24).

Die gedankliche und sprachliche Einkleidung ist leicht zu verstehen: platonisierend die unsterbliche Idee der Gerechtigkeit, die Erschaffung des Menschen zur Unvergänglichkeit; mythologisch die Formulierung über den „Neid des Teufels", durch den der Tod in die Welt gekommen sei.

Jedoch: Der Bereich des Teufels wird hier umschrieben mit: „das Reich des Todes". Dieses Reich ist gottwidrig. Es entspricht nicht dem, was Gott mit der Schöpfung und in ihr gewollt hat. Geht man probeweise von dieser fundamentalen Aussage aus und wendet man sich einer „relecture" aller biblischen Texte zu, dann zeigen sich in vielfältiger Weise Zeugnisse für einen dramatischen Kampf, der sich in Schöpfung und Menschheitsgeschichte abspielt zwischen dem lebensfreundlichen und lebensbejahenden Gott und den gottwidrigen Mächten des Todes. Die Schrift zweifelt nicht daran, dass ihr Gott stärker sein wird als diese Mächte, aber den endgültigen Sieg wird er erst am Ende erringen: „Als letzter Feind wird der Tod zunichte gemacht" (1 Kor 15,26). Noch dem letzten Buch des Neuen Testaments, der Johannesapokalypse, gilt das Meer als Symbol der Todesmächte; erst am Ende, wenn Gott alles neu machen wird, heißt es: „Und das Meer ist nicht mehr" (Offb 21,1).

Ist der hermeneutische Ansatz beim guten Schöpfergott und seinem Kampf gegen die ihm feindlichen Todesmächte richtig, dann wird zwar die Frage nicht beantwortet, warum er diese Mächte nicht hier und heute und schon längst besiegt und aus seiner Schöpfung eliminiert hat. Die Fragen nach seinem Schweigen und seiner (wirklichen oder vermeintlichen) Untätigkeit werden nicht beantwortet. Man kann über das Rätsel nachdenken: Gehört es zum Schöpfungsauftrag und damit zur

Verantwortung der Menschen, Krankheiten bis aufs Äußerste zu bekämpfen, Gewalttaten zu eliminieren, den Hunger aus der Welt zu schaffen, Wasser und Luft rein zu erhalten, Naturkatastrophen (wie Erdbeben und Tsunamis) in den Griff zu bekommen? Man kann nur raten.

Aber das Dilemma lässt sich vermeiden, einerseits den lebensfreundlichen Gott zu bekennen und ihm andererseits eine aktive Peinigung der Menschheit durch die Zufügung von Schmerzen, Leid und Tod zuzuschreiben. Eine Patientin, die an übergroßen Schmerzen litt, verwahrte sich energisch dagegen, diese Schmerzen Gott zuzuschreiben. Auf die Frage, woher sie denn kämen, antwortete sie: von der Natur. Darin scheint die Erkenntnis zu liegen, dass die sogenannte Natur des Menschen die von den Todesmächten bevorzugte Einbruchsstelle ist – wenn hier einmal das Verderben der Schöpfung, die Naturkatastrophen, das Leiden der Tiere außer Acht bleiben dürfen. Die Todesmächte sind aktiv in der physischen Natur des Menschen, wo sie verhindern, dass ein Leben zuversichtlich, alt und lebenssatt beendet wird, wo sie für Schmerzen und für bösartige Neubildungen verantwortlich sind. Sie wirken negativ in der psychischen Natur des Menschen, in der sie leidschaffende Aggressionen, Gewalttätigkeiten und Missbrauch der Freiheit hervorrufen. Es verändert die Haltung des leidenden und sterbenden Menschen, wenn all dies nicht dem Eingriff des lebensfreundlichen Gottes zugeschrieben wird.

Die Verkündigung und Praxis Jesu können gleichfalls unter dem Gesichtspunkt seines Kampfes gegen die gottwidrigen Todesmächte gesehen werden, zumal gegen ihre Angriffe in der physischen und psychischen Natur des Menschen. Überall in den Evangelien tritt dieser Aspekt des Kampfes Jesu zutage: In der Verkündigung des lebensfreundlichen, menschenfreundlichen Gottes, den er als seinen Vater wusste; in der Betonung der ethischen Verantwortung des Menschen, in der Bergpredigt mit ihren Appellen, das Verderben bringende Regelverhalten des Menschen außer Kraft zu setzen. Die Evangelien berichten vielfach von Jesu Austreibungen böser Geister, von seinen Heilungen kranker Menschen, ja selbst von Totenerweckungen. Wie immer diese Praxis in der historisch-kritischen Exegese untersucht und analysiert wird, eines ist nicht zu bezweifeln: Wären Krankheiten, Sterben und Tod jeweils auf das aktive Eingreifen seines göttlichen Vaters zurückzuführen, der, wie man meinte, Menschen mit Krankheiten und Leiden strafe oder prüfe, ja der Hinrichtungen durch jähen Tod praktiziere: Immerfort hätte Jesus den Kampf gegen den Willen seines Vaters praktiziert. Ein nicht nachvollziehbarer Gedanke. Der Jesus der Evangelien steht mit Verkündigung und Praxis ganz auf der Seite seines Vaters, der keine Freude am Tod des Lebendigen hat, wie das Buch der Weisheit sagt.

Zur Aufmerksamkeit einer geistlichen Theologie des Sterbens gehört das Nachdenken über den Tod Jesu. Seine Lehre und Praxis haben Jesus den Tod gebracht. Der Tod hat ihn nicht unvermutet überfallen, er ist ihm nicht einfach „widerfahren". Jesus hat an seiner Botschaft von seinem lebensfreundlichen Gott konsequent bis zum Ende festgehalten; er hat ja diesen Gott in Person „verkörpert". Er hat die Todesmächte, repräsentiert in der Militärmacht der römischen Kaiseranbeter und in der Tempelhierarchie der Geldanbeter, provoziert. Wer mit der Schrift daran festhält, dass Jesus mit seinem engeren Kreis ein Abschiedsmahl hielt, das sich von allen anderen seiner Mahlzeiten unterschied, der ist auch davon überzeugt, dass Jesus seinen bevorstehenden gewaltsamen Tod erwartete und dass er den Sinn dieses Todes deutete. Wie sein Leben ein Leben „für andere" war, so sollte auch sein Sterben anderen, „den Vielen", zugute kommen. Wodurch?

Es ist nicht hilfreich, vorschnell nach dem Motiv der Sühne zu greifen, denn dieses wirft komplizierte Fragen danach auf, wer denn Sühne verlangt habe und wem der Sühnepreis entrichtet werden sollte. Diese Fragen kreisen letztlich um die Eigenart des Gottes Jesu. Der barmherzige Vater von Lukas 15 zum Beispiel hat von dem reuigen, heimkehrwilligen Sohn keine Buß- und Sühneleistungen verlangt, er war von vornherein versöhnt. Wie sich diese Verkündigung Jesu etwa zu Paulus oder zu den Sühneeinträgen in den Abendmahlsberichten verhält, das wirft Probleme auf, die hier nicht angegangen werden können. Aber jedenfalls geht auch für Paulus die Initiative zu einem versöhnten Verhältnis Gottes zu den Menschen vom Vater aus (Röm 3,25: Der Vater hat ihn als Denkmal seines Versöhntseins hingestellt. Die Einheitsübersetzung macht das nicht deutlich).

Wenn das Sterben Jesu nach seinem eigenen ausdrücklichen Willen „den Vielen" zugute kommen sollte, dann liegt darin zunächst einmal das Zeugnis eines über alle Maßen starken Gottvertrauens auch angesichts des Todes, eines Dennochglaubens an den Vater, der über den Tod Jesu hinaus wirken und seinen letzten Willen erfüllen werde. Aber es ist noch mehr zu sagen im Blick auf den Gekreuzigten. Das Letzte, was ihm, dem Entehrten und Gefolterten, verblieben war, sein Leben, hat er vertrauensvoll in die Hände seines Vaters gelegt. Es würde dort nicht verloren gehen. Außer dem Akt des Vertrauens war das ein Akt radikalen Gehorsams gegenüber seiner Sendung durch den Vater, gegenüber dem Gott, den er den Menschen nahe bringen sollte.

Manche theologische Ausführungen zum Sterben Jesu gipfeln in der Behauptung, Jesus sei von Gott verlassen gestorben, und die irreführende pastorale Auffassung schließt sich an, auch dem christlich Sterbenden sei das Verlassensein von Gott bestimmt. Aus dem Zitat von Psalm 22,2 (Mk 15,34 par.) schließt man, Jesus sei letztlich am Vater verzweifelt. Erich Zenger, weltweit anerkannter Experte der Psalmenexegese, vertritt eine völlig andere Sicht, gestützt auf biblische Indizien: „Wer diesen Psalm betend mitvollzieht, wird auf einen Gebetsweg mitgenommen, der von der erlittenen Gottesferne zur erlebten Gottesnähe führt", und weiter: „Der Klageschrei Jesu ist kein Schrei der Verzweiflung, sondern eines Vertrauens, das nicht aufgibt, obwohl alles dagegen spricht."[3] Es gibt keine Situation des Lebens und Sterbens, in der man einem Menschen sagen dürfte, er sei von Gott verlassen.

Hier zeigt sich nun ein ganz wesentliches Element einer geistlichen Theologie des Sterbens. Ein Vertrauen zu Gott, wie Je-

---

3 Erich Zenger, in: Markus Nolte (Hg.), Zum letzten Mal sage ich euch, Münster 2006, S. 51, 53.

sus es bis ans Kreuz und am Kreuz gelebt hat, stellt sich nicht abrupt ein, in einer „präfinalen" Lebensphase, in einer Agonie. Es erwächst aus vielen Akten des Vertrauens, es bewährt sich unter vielerlei Lebensumständen. Entstanden ist es aus einem Urvertrauen, wie es in einer gelingenden Ursprungsbeziehung zwischen Mutter und Kind gegeben ist. Es wird realisiert in der intensiv genug angesetzten Frage des Menschen nach sich selbst: „Woher komme ich?" „Wohin gehe ich?" „Wer oder was hält mich im Dasein?", in der Begegnung mit dem göttlichen Geheimnis, in der mystischen Erfahrung, dass dieses Geheimnis es gut meint mit dem Menschen. Diese mystische Erfahrung des Vertrauens in das Geheimnis, eine Erfahrung, die viele Menschen machen, lässt sich häufig gar nicht verbalisieren oder sie wird in einer kirchlich ganz ungewohnten Sprache ausgesprochen. Es würde zu weit führen, wollte man die Umstände erwähnen oder gar aufzählen, unter denen diese mystische Erfahrung durch menschliches Verschulden oder durch Überhandnehmen der Todesmächte unmöglich gemacht oder zerstört wird. Missbrauch menschlicher Freiheit kann dazu führen, dass Gott dem Menschen vorenthalten wird.

Nur kurz sei erwähnt, dass dieses Vertrauen auf Gott das Gegenteil ist von dem, was in der spätmittelalterlichen Ars moriendi praktiziert wurde, nicht ein liebevolles Vertrauen, sondern eine misstrauische Absicherung gegen den gefürchteten richtenden Gott.[4] Natürlich gab es in der christlichen Tradition über diese Literaturgattung „Ars moriendi" hinaus theologische und pastorale Meditationen über Sterben und Tod, nicht zuletzt bei den Mystikern, die zum Teil Gedanken enthalten, die auch heute noch zu beherzigen sind. Das ändert

4 Vgl. hierzu das interdisziplinär angelegte Werk: Harald Wagner (Hg.), Ars moriendi. Erwägungen zur Kunst des Sterbens, Freiburg i. Br. 1989. Ferner Jacques Laager (Hg.), Ars moriendi. Die Kunst, gut zu leben und gut zu sterben. Texte von Cicero bis Luther, Zürich 1996; Alois M. Haas, Didaktik des Sterbens in Text und Bild, in: Uni (Zeitschrift der Universität Zürich), Heft 2/1997; Arthur E. Imhof, Ars moriendi. Die Kunst des Sterbens einst und heute, Köln 1993.

aber nichts daran, dass die christliche Praxis vorwiegend von der Tendenz geprägt war, sich gegen das Gericht Gottes abzusichern. Sie lässt sich an Sammlungen früherer Gebete und Predigten leicht ablesen. Diese Absicherungsabsicht verrät sich heute noch dort, wo man auf einer „Letzten Ölung" als Bewusstlosensalbung besteht.

Von da aus gehe der Blick zurück auf Jesus von Nazaret, auf jenes „Zugutekommen" seines Sterbens, das er im Vorausblick auf seinen Tod beabsichtigt hat. Jesus hat, bestätigt durch den rettenden Vater, den absolut sicheren Weg des Menschen zu Gott und damit zum letzten Ziel und zum Sinn eines jeden Menschenlebens praktiziert und ihn damit exemplarisch „den Vielen" vor Augen gestellt. Er wurde nicht bis zum Tod gequält durch den Vater, vielmehr gequält durch Menschen, blieb aber konsequent „bis zum Tod am Kreuz" seinem Lebensweg und seiner Sendung treu. Das zentrale christliche Credo sagt von allem Anfang an: Gott hat durch seinen Heiligen Geist Jesus aus dem Tod gerettet und ihn in einer verwandelten Existenzweise zu sich aufgenommen, aber diese Rettung galt nicht Jesus allein. Denn der von Jesus verkündete Gott ist nicht nur theoretisch ein Gott der Lebensbejahung und der Lebensfreude, sondern er ist konkret ein Gott der Lebenden. Das Neue Testament nennt sie bei ihren Namen: Abraham, Isaak, Jakob, Mose, Elija. Die Auferweckung von Toten ist noch nicht der definitive Sieg Gottes über die Todesmächte (siehe eben 1 Kor 15,26), aber sie ist ein wesentlicher Sieg, der alle ermutigt, die noch in Finsternis und Todesschatten sitzen.

Es sind bisher zwei Konstitutiva einer geistlichen Theologie des Sterbens in den Blick gekommen, die mystische Erfahrung oder Transzendenzerfahrung, die auf dem Urvertrauen eines Menschen aufbaut, und die geschichtliche Erfahrung des Schicksals Jesu von Nazaret. Wenn man nicht der Meinung anhängen will, am Kreuz habe der Vater den Sohn geopfert, er habe Wohlgefallen an diesem blutigen Tod gehabt, es habe vielleicht seiner bedurft, um den Vater versöhnt zu stimmen – wenn man nicht so denken will, dann ist das Kreuz für sich genommen kein Zeichen des Sieges Gottes. Für sich genommen ist es ein Zeichen des Sieges der Todesmächte, die sich menschlicher Instrumente bemächtigt haben. Erst zusammen mit der rettenden Tat des Vaters steht es für einen entscheidenden, durch Zeugen dokumentierten Sieg Gottes.

Was bedeutet diese Erkenntnis für die konkrete Situation eines leidenden Menschen, für ihre theologisch verstehende Deutung? Es wäre eine große Hilfe zum Bestehen lebenskritischer Situationen, wenn sich beim Menschen die Überzeugung durchsetzen würde: Die Krankheit oder der Unglücksfall, sie sind mir nicht von Gott zugeschickt worden, weder als Strafe noch als Prüfung. Ich bin nicht der hilflose Gegenstand einer Peinigung durch einen sadistischen Gott. Vielmehr bin ich das Opfer der gottfeindlichen Todesmächte in einem Kampf, in dem der lebensfreundliche Gott auf meiner Seite steht und von mir erwartet, dass ich an seiner Seite bleibe. Die Todesmächte versuchen auch ihrerseits, mich auf ihre Seite zu ziehen. Dann verweigere ich mich der Gegenwart Gottes und sterbe auf der falschen Seite. Die christliche Tradition spricht hier von „Todsünde".

Man kann der praktischen Erfahrung nach zwei Phasen einer lebensbedrohlichen Situation unterscheiden. In einer ersten Phase setzen die Ärzte alle verfügbaren und vertretbaren Mittel ein, um die Bedrohung des Lebens abzuwenden. Dies ist kein Plädoyer für lebensverlängernde Maßnahmen gegen den Willen eines Kranken. Es gibt ja keine Pflicht zu leben, auch keine religiöse Pflicht zu leben um jeden Preis. Es will verstanden sein als Plädoyer gegen Resignation, gegen Passivität im vermeintlichen Gehorsam gegen einen vermuteten Willen Gottes. Der göttliche Freund des Lebens möchte, dass ein Mensch das Leben als Geschenk versteht und es liebt, solange es lebenswert ist.

Die Situation des Kranken soll nicht schöngeredet werden. Der Mensch in einer ernsthaften Krise ist in Gefahr, am Sinn seines weiteren Lebens zu zweifeln, seinen Selbstwert infrage zu stellen, zurückgeworfen auf das eigene Ich seine Beziehungsfähigkeit, seine Gemeinschaftsfähigkeit zu verlieren. Es gibt eine umfangreiche Literatur, die auf die Wechselwirksamkeit von religiösem Glauben auf der einen Seite, Wiedererwerb von Gesundheit beziehungsweise von Rettung der Lebensqualität auf der anderen Seite hinweist. Religiöser, vertrauender Glaube bewahrt vor Sinnverlust und Werteverfall, bestärkt Hoffnung und Optimismus, erhöht das Selbstwertgefühl, stärkt die Selbstkontrolle, reduziert das Einsamkeitsempfinden, senkt das Depressionsgefühl, lässt Stresssituationen leichter bewältigen. Wenn Menschen in sehr kritischen Lebenslagen zu der Auffassung kommen: „Was für einen Sinn hat dieses Leben noch?", „Ich kann nicht mehr", dann bewahrt oft ein Glaube an den geheimnisvoll anwesenden Gott vor Verzweiflung, ein Glaube, der im Gebet seinen Ausdruck findet. In USA gemachte wissenschaftliche Studien gerade zu diesen Aspekten sprechen von einer Coping-Funktion der Frömmigkeit (to cope: schwere Situationen überwinden bzw. überbrücken).[5] Menschen in lebensbedrohender Krankheit haben meist das Urvertrauen verloren, das vitale Energien vermittelt. Dieser Verlust ist von den gottwidrigen Todesmächten gerade gewollt. Lebenskraft und Wertschätzung des Lebens lassen sich oftmals erneuern, wenn der Glaube an das von Gott gewollte und geschenkte Leben erneuert wird, wenn der Schwerkranke den Glauben an seinen Wert, an sein Gutsein erfährt, wenn man verhindert, dass er nicht bloß lästig, verachtenswert oder ekelerregend ist.

Die größte Hilfe für den schwerkranken Menschen, wie er sein Urvertrauen und seine Selbstachtung wiedergewinnen kann, ist das Gebet. Worte in das Schweigen Gottes hinein stärken im Kranken das Gefühl, dass er nicht von Gott verlassen, sondern im Gegenteil vom göttlichen Geheimnis umgeben und getragen ist. Das Gebet bedeutet für ihn, sich und seine Situation in Gott hinein auszusprechen im Vertrauen darauf, dass Gott die kleinste Banalität des Menschenlebens, des Menschenleidens angeht. Es hilft, Gottes Gegenwart als heilend und vergebend wahrzunehmen, und es hilft so dem Schwerkranken, mit sich selbst und mit seinen Mitmenschen

5 Heinrich Pompey, in: Lebendiges Zeugnis 60 (2005) S. 193f.

versöhnt zu sein. Die vor Gott realisierte Erinnerung an schöne und gelungene Stunden des früheren Lebens, an geschenkte, geglückte Beziehungen, an Momente der Liebe helfen dem Kranken zu danken.

Freilich zeigt sich in diesem Zusammenhang, ob es dem betroffenen Menschen möglich war, in seinem „früheren Leben“ den Kinderglauben, die Relikte einer naiven Volksreligiosität hinter sich zu lassen. Nach allen Erfahrungen in der Glaubensgeschichte und nach allem Nachdenken über Gott in den unterschiedlichsten Ansätzen der Theologie ist nicht anzunehmen, dass Gott sich ändert durch das Gebet der Menschen (das sagt auch Benedikt XVI. in seiner Enzyklika „Deus caritas est“). Das Gebet baut die Hoffnung auf, dass Gott dem Bittenden in der Notsituation hilft, aber es muss die Art und Weise der Hilfe ganz und gar Gott überlassen. Das Gebet vermag aber den Menschen zu ändern, und zwar in einem positiven, konstruktiven Sinn.

Eine theologische Fehlinterpretation des lebensbedrohenden Leidens wäre es, aus religiösen Gründen den Widerstand aufzugeben, ja sogar gefügig in das Leiden einzuwilligen in der Meinung, so in einer besonders richtigen Weise die Nachfolge Jesu zu praktizieren. Nachfolge ist ja nicht Nachahmung. Im überlieferten Jesuswort vom Kreuztragen heißt es, jeder nehme *sein* Kreuz auf sich; Jesus habe nicht gesagt, er nehme *mein* Kreuz auf sich. Das Kreuz Jesu war nicht eine masochistische Freude an Folter und Hinrichtung, sondern es war das Ergebnis einer konsequenten Treue zu dem menschenfreundlichen Gott, den Jesus verkündet hatte.

Folgenreich in der christlichen Frömmigkeitsgeschichte war das dunkle Wort im deutero-paulinischen Kolosserbrief: „Jetzt freue ich mich an den Leiden, die ich für euch ertrage. Für den Leib Christi, die Kirche, ergänze ich in meinem irdischen Leben, was an den Leiden Christi noch fehlt“ (Kol 1,24). Hier wird das Leiden Jesu als „nicht genügend“ gesehen; es fragt sich aber, woher jemand den Maßstab nimmt, an den Leiden Jesu ein Defizit konstatieren zu können. In dem Wort liegt oder lag die Motivation für viele Menschen, in Leiden und Qualen einzuwilligen und sich sogar freiwillig physische und psychische Schmerzen zuzufügen. Wer in seinem Gottesbild die Vorstellung hegt, der göttliche Vater Jesu habe Freude an Leiden und Kreuz des Sohnes gehabt, der missversteht sein eigenes Leiden als Teilhabe am Kreuz Jesu Christi. Auf die Deformationen, die solche Menschen auf Grund einer theologischen Fehlinterpretation sich und anderen zufügen, sei nur eben hingewiesen.

In der traditionellen kirchlichen Sprache begegnen manchmal Formulierungen, die – ohne dass das beabsichtigt wäre – die agonale Situation des Menschen als unwichtig erscheinen lassen und die das Geschehen am Kreuz in einer Weise übertreiben, die nicht nur dem kranken Menschen, sondern der Botschaft des Evangeliums selber schadet. Dafür nur ein Beispiel. In einem liturgischen Text, einer Präfation, heißt es: „Durch seinen Tod hat er unsern Tod vernichtet." Im Hintergrund einer solchen Aussage steht die Interpretation der „Erlösung" bei Paulus (zum Beispiel im Röm 5). Paulus fasste Sünde und Tod, die von Anfang an gegen Gott wirkenden Mächte, gleichsam personifiziert auf, als Gewalten, die jeden Menschen in ihrem Würgegriff halten. Ein Geschehen auf der bloßen Ebene der Metaphern hilft angesichts des drohenden Todes nicht. In der empirischen Wirklichkeit der Menschen sind Sünde und Tod keineswegs nennenswert entmächtigt, geschweige denn vollends besiegt. Es ist in der theologischen Literatur schon öfters festgestellt worden, dass zwar das Neue Testament von „Erlösung" spricht, vorzugsweise in der sprachlichen Gestalt von Loskaufen, Lösegeld entrichten, Retten, dass aber nicht exakt geklärt wird, was eigentlich damit und mit den damit zusammenhängenden Vorstellungen gemeint ist (Wer forderte Lösegeld? Wem wurde es entrichtet? Welche Rolle spielten Forderungen nach Blut?). Ähnlich erging es der Rede von „Erlösung" in den Erklärungen der amtlichen kirchlichen Lehre. Man spricht davon, setzt aber als geläufig voraus, was damit eigentlich gemeint ist. Übertreibungen des Geschehens, die kein Fundament in der empirischen Existenz des Menschen haben, sind für den Glauben kontraproduktiv. Genügt es für das, was der Glaube eigentlich mit „Erlösung" meint, nicht zu sagen: Wir sind erlöst in Jesus Christus von der Hoffnungslosigkeit? Hoffnung ist doch wohl das wirkmächtigste Geschenk der Erlösung durch das Kreuz.

Es kommt bei schwersten Krankheiten oder Unfällen oft zu einem negativ verlaufenden Prozess, der sich mit allen Anstrengungen nicht umkehren lässt. Sehr oft spüren das die Kranken geraume Zeit, bevor ihnen die „Wahrheit am Krankenbett" eröffnet wird. Der Tod steht vor der Tür. Die Theologie braucht bei aller sensiblen Solidarität nicht zu verstummen. Sie wird sich keineswegs immer Gehör verschaffen können, aber sie wird ihre Zielvorstellungen formulieren dürfen.[6]

In der Sicht des Glaubens tragen beim Tod eines Menschen die Gott feindlichen Todesmächte den Sieg nicht davon. In der Sicht des Glaubens von Christen und auch von Juden nimmt Gott, der Urheber, Erhalter und Freund des Lebens, im Tod eines Menschen dessen Leben nicht weg. Er übt nicht eine Hinrichtung aus. Vielmehr nimmt er den Sterbenden und dessen Leben umgestaltend zu sich, an sich.

Im Glauben sterben heißt, sich selber mitsamt seinem Leben ganz und uneingeschränkt an diesen lebensfreundlichen Gott zu übergeben und damit auf Selbstbestimmung völlig zu verzichten. Ausdrücke wie „Sich los-lassen" oder „Abschied vom Leben nehmen" treffen das nicht genau, was im gläubigen Sterben geschieht. Im Glauben bleibt das Ich, leidend und gedemütigt durch die Zerstörung der Einheit von Seele und Leib, erhalten. Es nimmt Abschied von der irdischen Geschichte der Selbstbestimmung und des Werdens; es vertraut sich, sich ausliefernd, dem Gott an, der jeden einzelnen Menschen individuell gewollt, ihn beim eigenen Namen gerufen und als sein Eigentum für sich bestimmt hat. Im Grunde genommen gibt es für Menschen im irdischen Leben keinen Besitz. Kein Mensch ist das Eigentum eines anderen. Redewendungen wie „meine Frau", „mein Kind", „mein Freund", sind irreführend. Alles Geschaffene, so wie auch das Land und das Haus und

---

6 Ich erlaube mir, hier auf einige Formulierungen zurückzugreifen aus: Herbert Vorgrimler, „Und das ewige Leben. Amen." Christliche Hoffnung über den Tod hinaus, Münster 2007, S. 38ff.

die Güter, ist auf Zeit geliehen, anvertraut, aber es bleibt Eigentum Gottes.

Es ist schon gesagt worden, dass ein solches Sterben als Gabe seiner selbst an den Gott, dem ohnedies alles gehört, aber als eine nicht erzwungene Gabe, sondern als Gabe mit Einwilligung, oft in den Stunden der Agonie nicht geleistet werden kann. Die psychischen und physischen Kräfte reichen meist dafür nicht mehr aus. Ein solches „Sterben des eigenen Todes" sollte (im Idealfall!) weit vor der Stunde des biologischen Exitus geschehen. In der Sicht des Glaubens liegt darin der ganze Sinn des Lebens.

Ein Mensch, der im Glauben davon überzeugt ist, dass er die entscheidenden Hilfestellungen auf seinem Lebensweg Jesus von Nazaret verdankt, wird in Erwartung des Todes die Nähe Jesu suchen, wird ihm gleich sein wollen auch im Tod. Dieses Gleichsein kann nicht in den physischen Schmerzen bestehen. Es besteht in der Treue zum Gott und Vater Jesu, im vertrauensvollen Festhalten an diesem Gott. Und festgehalten wird an der Zusage Jesu an die, die zu ihm gehören: „Ich werde euch zu mir nehmen, damit auch ihr seid, wo ich bin" (Joh 14,4). Die Toten, die so „in Jesus Christus" gestorben sind, werden vom Wort Gottes selig gepriesen.

Letzte Ratschläge

Die „Ars moriendi“ in der zeitgenössischen Lebenshilfe-Literatur und ihre Adressaten

Susanne Brüggen

These

Von der US-Soziologin Anne Hunsaker Hawkins stammt die Aussage, dass sich unsere (moderne) Kultur auf der Suche nach einer *Ars moriendi* befinde. Dahinter steckt die These, die ich auch im Folgenden vertreten und anhand empirischer Beispiele veranschaulichen möchte, dass nämlich die moderne Gesellschaft keine Kunst des Sterbens im Sinne einer einheitlichen Aufgabenstellung und -lösung für die Bewältigung des Todes mehr kennt. Vielmehr lässt sich an dem Boom der Ratgeber- und Lebenshilfeliteratur eine Entselbstverständlichung des Todes ablesen, wie sie auch andere Themen wie Schwangerschaft, Liebe/Partnerschaft oder Gesundheit betrifft. Nicht, dass der Tod jemals eine Selbstverständlichkeit, ein Routinefall für die betroffenen Menschen gewesen wäre. Gleichwohl stellt der Tod für die meisten Menschen heute eine andere Problematik dar als etwa im Spätmittelalter, wo die klassische *Ars-moriendi*-Literatur entstanden ist. Das hängt mit einer Reihe von Entwicklungen[1] zusammen, auf die einzugehen den Rahmen dieses Artikels sprengen würde. Stattdessen möchte ich einen Einblick in die heutige Problematik des Todes geben, und zwar auf der Grundlage der zeitgenössischen Ratgeberliteratur zu Sterben, Tod und Trauer. Ich möchte im Folgenden zeigen, welche typischen Ungewissheiten und Fragen mit der

1 Stichpunkte sind: Rückzug der Religion (Entzauberung), Durchsetzung von Wissenschaft und Technik, insbesondere der modernen Medizin (Rationalisierung), Rückgang der Kindersterblichkeit, Anstieg der Lebenserwartung …

Entselbstverständlichung des Todes einhergehen und welche Antworten darauf (seitens Ratgeber) gefunden werden. Anschließend werde ich kurz auf die Frage zurückkommen, inwiefern es sich bei den untersuchten Ratgeberbüchern um eine neue *Ars moriendi* handeln kann.

Methodische Bemerkungen

Die Ergebnisse stammen aus einer Untersuchung deutschsprachiger Ratgeberliteratur zu den Themen Sterben, Tod und Trauer. Die Untersuchung wurde im Rahmen eines DFG-Projekts am Institut für Soziologie der Universität München durchgeführt. Laufzeit des Projekts war von 1999–2002, die Untersuchung erfolgte in mehreren Etappen und wurde 2004 abgeschlossen.[2] Bei den untersuchten Exemplaren handelt es sich um ca. 50 Titel, die zwischen 1999 und 2004 bei einschlägigen deutschen Verlagen[3] erschienen sind (wobei einige als Übersetzungen aus dem Englischen oder Französischen vorliegen). Manche Bücher sind Bestseller wie „Interviews mit Sterbenden" von Elisabeth Kübler-Ross oder „Trauern" von Verena Kast und einige davon seit 30 Jahren im Handel erhältlich.

Die Bücher wurden inhaltsanalytisch ausgewertet, und zwar nach qualitativen Kriterien im Sinne eines kontrastiven Vergleichs.[4] Ausschlaggebend waren dabei drei Dimensionen/Fragestellungen: Geht man davon aus, dass es Beratung immer mit einem vorausgesetzten Nichtwissen-Nichtkönnen-Problem zu tun hat, für das in/mit der Beratung eine Lösung gefunden wird, stellt sich als Erstes die Frage:

2 Erste Ergebnisse wurden in Nassehi/Brüggen/Saake 2002 veröffentlicht. Eine ausführliche Auswertung der Ratgeberliteratur zu Sterben, Tod und Trauer ist zu finden in: Brüggen 2005.
3 Kreuz-Verlag, Fischer, Bertelsmann, Droemer-Knaur, Hugendubel.
4 Vergleiche zum methodologischen Hintergrund Brüggen 2005.

> Was wird geraten? Für welches Problem/Nichtwissen bietet der Text welche Lösung/Wissen?

Wenn hier von „Problem" und „Lösung" die Rede ist, so ist damit nicht gemeint bzw. wird nichts darüber ausgesagt, ob und inwiefern mit einem Ratgeberbuch tatsächliche Probleme von Lesern gelöst werden. Die Probleme sind nicht schlicht vorhanden, sondern werden hier kommunikativ hergestellt, und dasselbe gilt für die Lösungen.

Wo beraten wird, sind typischerweise zwei Rollen zu finden: die des Experten (oder Ratgebers) und die des Klienten (Ratsuchenden). Bei Büchern jedoch ist die persönliche Begegnung von Klient und Ratgeber nahezu ausgeschlossen. Die Rollen können nur über die im Text angelegten Problemstellungen und Lösungsentwürfe errechnet werden. Mit dem so genannten „Klient" ist somit nicht der tatsächliche Leser eines Ratgebers gemeint, sondern eher ein angesprochener oder virtueller Adressat (vgl. Luhmann 1996: 10; Nassehi 1995: 83ff).[5] Auch der Experte ist mehr als nur der Autor eines Buches: Sein Profil zeigt sich anhand von Wissen, Erklärungen und Lösungsentwürfen, die ein Buch enthält. Insofern lautet die zweite Frage/Vergleichsdimension:

> Wer berät wen? Wer kann als virtueller Adressat verstanden werden und wer tritt demgegenüber als kompetenter Experte in Erscheinung?

Schließlich stellt sich die Frage nach einer Begründung des Rates: Womit wird das dargebotene Wissen plausibilisiert? Welche Wissensquellen werden dafür in Anspruch genommen? Die dritte Vergleichsdimension fragt somit:

> Wie wird beraten? Womit werden die Ratschläge begründet?

5 Und insofern handelt es sich hierbei nicht um eine Rezeptionsstudie. Wie eine Verlagslektorin jedoch im Gespräch mitteilte, handelt es sich bei ca. 80 % der Leser von Ratgebern um Frauen.

Das sind also die drei Dimensionen, die den Rahmen für die Auswertung abgegeben haben. Der Vergleich ergab drei Typen von Ratgebern, die ich mit den Etiketten „Intervention", „Mediation" und „Selbsthilfe" versehen habe. Ich werde Ihnen die drei Typen nun der Reihe nach vorstellen und anschließend die Frage diskutieren, inwiefern es sich dabei um moderne *Ars moriendi* handeln kann. Vorab noch eine Anmerkung: Ich werde immer wieder einzelne Bücher zur Illustration der Typen heranziehen und aus ihnen zitieren. Trotzdem sind die Typen nicht als Abbild einzelner Ratgeber zu verstehen. Es ist eher so, dass hier Merkmale aus verschiedenen Büchern verdichtet vorliegen, um eine eindeutige (trennscharfe) Abgrenzung zu erreichen.

Der erste Typ: Die „Intervention"

Was wird geraten?

Dem Typ „Intervention" zurechnen lassen sich Klassiker wie die „Interviews mit Sterbenden" von Elisabeth Kübler-Ross oder „Trauern" von Verena Kast. Das spezifische Problem, mit dem sich diese Ratgeber befassen, ist die Hilflosigkeit der Helfer, insbesondere im Bereich der Medizin: Bei Kübler-Ross geht es darum, dass Ärzte und Klinikpersonal durch das Sterben eines Patienten und die Begegnung mit trauernden Angehörigen mit der eigenen Ohnmacht und Hilflosigkeit konfrontiert würden. Es wird von einem jungen Arzt berichtet, der, um sich sein eigenes Versagen nicht eingestehen zu müssen, einen Patienten mit tödlicher Erkrankung mit lebensverlängernden Maßnahmen behandelt hat – was für diesen mit großen Strapazen verbunden war. Typisch sei auch eine Vermeidungshaltung, die dazu führe, dass sich das Klinikpersonal von Sterbenden fernhalte und diese nicht, wie Kübler-Ross sagt, rechtzeitig über ihre „schlechten Aussichten" aufklärt. Sichtbar wird hier ein Versagen der üblichen institutionellen Routinen und eine Art Blockade und Handlungsunsicherheit bei den Profis: Sie stehen vor vermeintlich aussichtslosen Fällen, wo man nichts mehr tun kann oder alles zu spät ist. Um nun diese Blockade bei den Helfern zu überwinden, bieten die Ratgeber eine klare Handlungsanleitung: Erst dann – das unterstreicht die Dringlichkeit – könne den betroffenen Patienten geholfen werden. Denn nur dann hätten sie die Chance, mit dem Schock einer tödlichen Diagnose fertig zu werden. Entsprechend heißt es bei Kübler-Ross:

„Künftigen Tragödien dieser Art wird unser junger Arzt vermutlich weniger ratlos gegenüberstehen, und wenn er sich weiter bemüht, Leben zu verlängern, wird er mehr als bisher an die Probleme der Kranken denken und sie offen mit ihm besprechen. Für diesen Patienten war die Situation so unerträglich, weil er von den ihm belassenen Fähigkeiten keinen Gebrauch machen konnte. Man muss dem Patienten ermöglichen, alle Kräfte auszunutzen. Das allerdings kann nur gelingen, wenn man sich nicht durch den Anblick eines so schrecklich leidenden Menschen abschrecken lässt" (KR1: 37).

Das Gleiche gilt für den Umgang mit Trauernden, geht es doch auch dort darum, mit einem Verlust fertig zu werden. Und das geht nur durch die Begleitung anderer und fortwährende Gespräche. Ohne Hilfe, das wird deutlich, kommen weder Sterbende noch Trauernde mit ihrem Verlust zurecht. Das Handlungsprogramm für die Helfer sieht eine Art Gesprächstherapie vor – mit einem festen Ablauf: Am Anfang steht die Aufklärung – über eine tödliche Krankheit oder den (bereits eingetretenen) Tod eines Angehörigen. Bei Verena Kast heißt es entsprechend:

„Es scheint mir wichtig, diesen Katastrophenaspekt auszuloten, wenn wir es mit Menschen zu tun haben, die einen solchen Verlust erlitten haben. Wir müssen die Dimension dieses Verlustes ganz zu ermessen suchen" (K: 60).

Ziel und Ende der Behandlung ist die Akzeptanz – der Sterbende findet sich mit seinem Ende ab, wie auch der Trauernde sich mit dem Verlust eines Menschen abfindet (neuer Selbst- und Weltbezug). Kübler-Ross schreibt dazu:

„Der Patient, der seinem Arzt vertraut, hat nun die Zeit, die verschiedenen Reaktionsphasen zu durchlaufen, die ihm helfen, sich mit der schwierigen neuen Lebenslage abzufinden" (KR1: 58).

Der Eingriff, die Intervention, zielt somit darauf ab, die psychologische Trauerarbeit bei Sterbenden oder Trauernden durch gezielte Gespräche zu begleiten.

Wer berät wen?

Wie jeder Text, so entwirft auch dieser einen Adressaten, besser gesagt: ein virtuelles Publikum, dessen Profil über die im Text angesprochenen Themen zu erschließen ist. Angesprochen werden – wie schon angedeutet – Helfer und professionelle Begleiter, die mit Sterbenden und Trauernden zu tun haben, d. h. Ärzte, Schwestern, Pfleger, Seelsorger, Therapeuten oder Sozialarbeiter. Ihnen bietet der Text mit der Beratung die Möglichkeit, Sterbenden bei der Bewältigung ihres Schicksals bzw. Trauernden bei der Bewältigung des Verlusts zu helfen. Sterbende selbst kommen ebenso wie die Trauernden nur als Thema bzw. Objekt der Behandlung vor. Im Mittelpunkt steht die Rolle der Helfer, die mit ihrem Verhalten (Zuwendung, Gespräche) darüber entscheiden, ob es dem Sterbenden gelingt, rechtzeitig Abschied zu nehmen bzw. dem Trauernden, einen, wie es bei Kast heißt, neuen „Welt- und Selbstbezug" herzustellen. Demgegenüber präsentiert sich ein/-e Experte/-in, der/die sich durch wissenschaftliche Kompetenz, genauer gesagt psychologische Fachkenntnis, auszeichnet.

Wie wird beraten?

Auffallend ist hier die Sicherheit und Geradlinigkeit der Texte: Das Wissen wird im Berichtstil, mit konstativen Sätzen vorgetragen; die Konsequenzen werden direktiv und bestimmt formuliert, wobei der oder die Leserin immer wieder direkt angesprochen wird („Sie"). Das macht sich auch bei der Begründung oder Plausibilisierung der Beratung bemerkbar: Die Psychologie wird als Ansammlung von Faktenwissen präsentiert. Sie gibt die Grundlage ab für die Problembeschreibung und -lösung. Typisch sind Sätze wie: „Der Psychiater kann es am einfachsten damit erklären, dass ..." (KR1: 12). Oder: „Zum Verständnis der Zusammenhänge müssen wir ferner wissen, dass ..." (KR1: 13).

Der zweite Typ: „Mediation"

Was wird geraten?

Diese Ratgeber widmen sich einer ganz anderen Art von Nichtwissen im Zusammenhang mit dem Tod: Es sind Zweifel und die Erfahrung von Sinnlosigkeit, die hier im Mittelpunkt der Beratung stehen. Bücher, die zu diesem Typ gehören, tragen Titel wie „Über das Ende hinaus" (Ganga Stone) oder „Über den Tod und das Leben danach" (Elisabeth Kübler-Ross). Die Problematik, mit der sich die Ratgeber befassen, drückt sich aus in Fragen wie „Warum wir?", „Warum so?" und „Warum jetzt?", d. h. Fragen, die Fassungs- und Sinnlosigkeit bei besonders schlimmen Fällen ausdrücken (genannt werden: Tod eines Kindes, Komapatienten, chronischen Krankheiten o. ä.). Das (Sinn-)Problem wird nicht unbedingt auf zu wenig Wissen, sondern ein als falsch bzw. begrenzt dargestelltes Wissen zurückgeführt. Das ist hier das Wissen eines naturwissenschaftlich geprägten Weltbilds; und daraus abgeleitet die (als ebenso begrenzt dargestellte) Vorstellung vom Tod als einem rein körperlichen bzw. medizinischen Ereignis. Die Ratgeber beschäftigen sich denn auch damit, die Grenzen dieses Wissens aufzuzeigen und die Rationalität der Naturwissenschaften als vordergründig zu entlarven. Im Sinne einer „Mediation" bemühen sich die Texte darum, den Lesern – möglichst alltagsnah – eine andere Perspektive zu vermitteln. Dabei lassen sich zwei Strategien unterscheiden:

Einige Bücher präsentieren sich sehr wissenschaftlich: Auf dem Umschlagtitel von Werner Schiebelers „Der Tod, die Brücke zu neuem Leben" steht im Untertitel „Forschungsbericht eines Physikers". Präsentiert werden auch umfangreiche Quellenangaben. Hier werden in relativ unpersönlichem Stil Beweise angeführt, die die Existenz einer anderen Wirklichkeit, die „jenseits unserer physikalischen Welt der Materie" existiert, belegen.

Andere Bücher, wie die von Stone, Meurois-Givaudan und Kübler-Ross, pflegen einen sehr viel persönlicheren Stil. Sie berichten – im Sinne persönlicher Offenbarungserlebnisse – von außerkörperlichen bzw. außersinnlichen Wahrnehmungen[6], allen voran von Nahtod-Erfahrungen. Besonders auffallend daran ist der Kontrast zwischen der gewöhnlichen Form, in der das alles dargeboten wird, und dem außergewöhnlichen Charakter dessen, worüber hier berichtet wird. Als besonders gewöhnlich werden auch die Menschen geschildert, denen die Erlebnisse zugerechnet werden.

Ziel all dieser Bücher ist es, die „engen Grenzen des, nun ja, konventionellen Wissens" (ST: 75) zu überschreiten und zu zeigen, dass das, was wir für das Wahre und Wirkliche halten, v. a. den eigenen Körper, das eigene Ich, die sinnlich erfahrbar oder naturwissenschaftlich messbare Welt nur ein Bruchstück des Ganzen ist. Gezeigt werden soll somit, dass sich die Existenz des Menschen nicht allein auf seinen Körper beschränkt.

„(I)ch möchte Ihnen ... sagen, wie auch Sie davon überzeugt werden können, dass dieses Erdenleben, das Sie in Ihrem physischen Körper durchleben, nur eine sehr, sehr kurze Zeitspanne innerhalb Ihrer Gesamtexistenz beträgt" (KR2: 23).

Der Tod kann dann auch nicht mehr als Auslöschung des Lebens verstanden werden (eine Illusion also, die das naturwissenschaftliche Weltbild hinterlassen hat). Vielmehr wird er als Übergang, eine Art Verwandlung beschrieben. Dieser Übergang ist nicht bedeutungslos, sondern hat seinen festgelegten Zeitpunkt und lässt sich jeweils erklären und rechtfertigen. Der Blick hinter den Horizont ermöglicht es somit, dem Sinnlosen einen Sinn abzugewinnen, außergewöhnliche Ereignisse zu erklären und so einzuordnen.

---

6 Gemeint ist hier die Fähigkeit, den Körper zu verlassen und z. B. Kontakt zu Verstorbenen oder Entfernten aufzunehmen (via Medium o. ä.).

„Jeder von uns hat einen genauen Zeitpunkt, an dem er seinen physischen Körper aufgeben muss. Diese Stunde ist nicht willkürlich, sondern sie wurde festgelegt von … sogenannten Lichtkräften im Zusammenhang mit der ganzen Geschichte unseres Wesen." (MG: 48).

Die Rechtfertigung geht sogar noch weiter: Schlimme Schicksalsschläge wie der Tod eines Kindes oder der Fall ins Koma werden bei Werner Schiebeler in Zusammenhang gebracht mit Charakterschwächen wie „Hartherzigkeit" oder „ungezügeltem Kummer". Fragt man schließlich danach, wie es nach dem Tod weitergeht, so wird auch darüber, wenngleich sehr vage, Auskunft gegeben.

Wer berät wen?

Im Horizont der Texte erscheinen zwei verschiedene Profile von Experten. Im einen Fall handelt es sich um einen unvoreingenommenen Sachverständigen, der – anders als ein Laie – über systematisches Wissen auf einem bestimmten Gebiet (typisch: Physik) verfügt. Dieses Wissen erlaubt dem Experten, über die Gültigkeit und Ungültigkeit bestimmter Aussagen zu befinden. Im anderen Fall unterscheidet den Experten nicht sehr viel von einem Laien. Er gibt wieder, was andere erlebt haben, tritt quasi als Zeuge auf, der ein Geschehen für Unbeteiligte dokumentieren kann. Seine Glaubwürdigkeit verdankt sich weniger einer fachlichen Ausbildung als vielmehr einem gewissen Charisma, d. h. einer außeralltäglichen Begabung, wie sie laut Stone „Sensitive, Channeler und Medien" (ST: 75) haben. Im Gegensatz zu den Sachverständigen präsentieren sich die Zeugen engagiert und gefühlsbetont, plaudern aus dem Nähkästchen.

Als virtuellen Adressaten haben diese Ratgeber nicht wie im Typ 1 andere Helfer oder Experten, sondern vielmehr betroffene Angehörige im Blick (womit nicht gesagt ist, dass die es auch sind, die die Bücher tatsächlich lesen). Diese Deutung legen die Bücher nahe, wenn sie sich etwa an ein Publikum wenden, das „liebt, leidet und sich Fragen stellt" (MG: 9). Lieben, leiden und sich Fragen stellen werden vermutlich weniger die professionellen Helfer im Krankenhaus, die tagtäglich mit schweren Fällen zu tun haben, sondern eher die Angehörigen.[7] Die Schwerkranken selbst tauchen wiederum nur als Objekt auf, d. h. ihnen werden keine Handlungsoptionen zugeschrieben.

Wie wird beraten?

Die Begründung der Beratung trägt deutlich religiöse Züge. Sie enthält den Verweis auf Transzendenz, indem etwa sogenannte Lichtkräfte angesprochen werden, die den Todeszeitpunkt bestimmen. Andere Formulierungen sind „die Ordnung der Dinge", „das Ganze", „das Leben" oder „die Liebe". Von Gott oder – wie es bei Ganga Stone heißt – dem Hersteller ist nur selten so direkt die Rede. Die Hinweise bleiben vermutlich absichtlich undeutlich: Es widerspräche dem Charakter des Unbestimmten, es genauer zu bestimmen. Die Ratgeber präsentieren sich deshalb viel weniger direktiv, stattdessen argumentieren, illustrieren und erläutern sie. Die Erläuterungen gehen so weit, dass damit auch die als außergewöhnlich empfundenen Ereignisse eingeordnet (und legitimiert) werden können. Eine Mutter, die vom Tod ihres Kindes betroffen ist, wird denn auch mit folgender Einsicht zitiert:

„Ich erkannte, dass Mutterheuschrecken Tausende und Abertausende Eier legen müssen, um sicherzugehen, dass ein paar Individuen überleben. Nicht jedes Ei ist lebensfähig, also legen sie viele, viele. Das ist ihr Schicksal. So ist es immer schon gewesen ... Das geht schon seit Äonen so. Das war es, was meine Trauer fortnahm – das plötzliche sichere Gefühl, dass mein Baby, mein Mann und ich ein Teil des Ganzen sind. Daß es tatsächlich diesen Platz in der natürlichen Ordnung der Dinge für uns und unseren Sohn gibt" (ST: 32).

7 Und auch über die angesprochenen Einzelschicksale wird deutlich, dass persönlich Betroffene Ziel der Beratungsbemühungen sind. Hinweise geben die häufig erwähnten Anlässe wie Kindstod, Selbstmord, Mord, Herzschlag oder chronische Krankheiten.

Der dritte Typ: „Selbsthilfe"

Was wird geraten?

Dieser Typ Ratgeber wendet sich gegen alle möglichen guten Ratschläge und jede Inbesitznahme des Todes durch Expertenmeinungen, Modelle und sonstige Konventionen. Titel dieses Typs lauten: „Wie gerne hätte ich gesehen, was aus dir wird" (Lampman) oder „Ich habe es geliebt das Leben" (Picardie). In all diesen Büchern steht eine Person – deren Sterben, deren Trauern – im Mittelpunkt. Das Problem, mit dem sich die Ratgeber befassen, betrifft den Tod als „soziale Tatsache", d. h. es wird v. a. auf Sitten und Gebräuche, organisierte Routinen verwiesen. All das wird als unverhältnismäßig empfundene Verallgemeinerung und Objektivierung des Todes dargestellt.

„Es gibt zahlreiche Bücher darüber, wie man sich auf den Tod vorbereiten oder Sterbenden als Beistandsleistender helfen kann, so friedlich wie möglich zu sterben ... Solch ein Wissen kann unsere Sicht aber auch einschränken und uns in einen Bezugsrahmen sperren, der uns unsere Intuition und Spontaneität nimmt ... Dürfen wir erlauben, dass auf vorgefassten Meinungen beruhende Erwartungen in uns ein Wertesystem entstehen lassen, das vorschreibt, wie man mit solchen Situationen umzugehen hat? Ist es in einem solchen Moment wirklich angemessen, überhaupt ein menschliches Urteil zu fällen? Wer würde sich erlauben, ein Urteil über einen Gott zu sprechen?" (S: 15–17).

Gegen diese Beschlagnahmung führen die Texte die unvergleichliche Betroffenheit des Individuums ins Feld. Für den/die Leser/-in zeigt sich das daran, dass ihm/ihr in erster Linie individuelle Persönlichkeiten vorgestellt werden. Er/Sie lernt in diesem Büchern Ruth oder Maxie kennen und damit Menschen, die individueller nicht sein könnten. Typisch sind denn auch – im Unterschied zum Handlungswissen von Typ 1 und dem Erklärungswissen von Typ 2 – Beschreibungen von Zweifeln, Ängsten und Ungewissheit. Persönliche Konflikte und Fragen werden ausgebreitet und bleiben unbeantwortet.

Die Individualität wird nicht nur über den Inhalt, sondern auch über die Form der Bücher vorgeführt. Die Bücher unterscheiden sich danach, welche Textsorten sie wie präsentieren. Sie passen sich damit der Form nach an die jeweils beschriebene Persönlichkeit an. Je nachdem werden Fotos, Briefe, E-Mails oder andere Aufzeichnungen präsentiert – wobei die Authentizität an oberster Stelle steht. So kommt es, dass in einem Buch fast ausschließlich E-Mails – an sich eine eher sterile und unpersönliche Form der Kommunikation – abgedruckt werden. Denn – so heißt es etwa in dem Buch „Ich habe es geliebt, das Leben" über die Hauptfigur Ruth:

„E-Mail (stellt) für Ruth ein neues und auf subtile Weise andersartiges Kommunikationsmittel dar: Es bot die Möglichkeit, Gedanken und Gefühle spontaner als in einem Brief auszudrücken und doch reflektierter als in einem Telefongespräch. Die Nachrichten konnten intim und ernsthaft sein, aber zugleich flüchtig und leicht zu ‚löschen', und das traf irgendwo in ihrer Schriftstellerinnen-Seele auf Resonanz" (P: 7).

Resonanz und Spontaneität bürgen für die Authentizität. Und so lernt das Publikum die inzwischen verstorbene Hauptfigur Ruth fast ausschließlich über ihre private E-Mail-Konversation kennen. Inhaltlich machen die Texte eines unmissverständlich klar: Das eigene Leben und infolgedessen der Tod sind unvertretbar. Vorschriften darüber, wie man zu sterben habe, sind deshalb fehl am Platz. Vielmehr gilt es, die eigene Unverwechselbarkeit gerade auch vor dem Tod zu behaupten. Die eigene (göttliche!) Unverwechselbarkeit steht im Zentrum der einzelnen Texte.

Wer berät wen?

Auch wenn sich Ratgeber dieses Typs – explizit – gegen jede Form des Besserwissens und Ratens wenden, wird doch auch hier so etwas wie eine Alternative, Lösung für eine als problematisch empfundene Situation angeboten. Insofern muss auch hier so etwas wie ein Expertenprofil und das Profil eines virtuellen Publikums/Adressaten sichtbar werden. Als einzige

Autorität, soviel ist klar, kommt nur das Individuum in Frage. Denn allein das Individuum kann Auskunft geben über sich selbst und die eigene Befindlichkeit. Eine Art „Selbsthilfe" also, die sich zunächst primär an das Selbst der Sprecher, d. h. der Hauptfiguren, richtet. Aber das Ganze wird ja öffentlich vorgeführt, daher lässt sich durchaus noch ein anderer Adressat vermuten: Im Horizont der Texte taucht ein virtueller Adressat, ein Lesepublikum auf, das übersättigt ist von guten Ratschlägen und allgemeinen Normen. Insofern wenden sich die Texte an ein hochgradig individualisiertes Publikum, das den Ratgebern an Kompetenz in nichts nachsteht. Die Texte haben gleichsam mäeutische Funktion: Sie halten dem/der Leser/-in einen Spiegel vor, fordern sie/ihn auf zur Selbstreflexion und -exploration.

Wie wird beraten?
Begründet wird der Rat hier, indem auf das Individuum als letzte unvertretbare Instanz verwiesen wird („Gott"!). Dies wird, wie gesagt, teilweise explizit aber auch implizit über die Form der Texte vermittelt.

Ratgeberliteratur als moderne *Ars moriendi*?

Ich möchte nun zum Abschluss auf die Frage zurückkommen, ob es sich bei den Ratgeberbüchern um eine neue *Ars moriendi* handelt. Ich denke, auch wenn das auf den ersten Blick anders aussieht, sind die Unterschiede zur klassischen *Ars moriendi* aus dem Mittelalter doch zu groß. Die Sterbebücher damals waren ja ursprünglich als „Handreichungen" (Rudolf 1979: 142) für junge Priester in der Seelsorge gedacht, nachher wurden sie auch aus dem Lateinischen übersetzt bzw. was noch wichtiger war: Einige wurden mit Bildern versehen, so dass auch Laien etwas damit anfangen konnten – lesen konnten damals ja nur wenige. Allerdings ist die Situation auf dem heutigen Buchmarkt eine völlig andere als damals im späten Mittelalter, noch vor der Erfindung des Buchdrucks. Es waren Geistliche, die die Bücher verfassten und verbreiteten, das Buchwesen somit weitgehend in kirchlicher Hand. Heute wird für einen Massenmarkt produziert, viele Verlage konkurrieren um ein Massenpublikum. Der Platz im Regal der Buchhandlung gehört, wie eine Verlagslektorin im Interview sagte, zu den „heiß umkämpftesten". Es ist die (potentielle) Nachfrage, die entscheidet, was ins Verlagsprogramm aufgenommen wird. Erst dann wird nach dem „richtigen Autor" Ausschau gehalten. Das Buch als Massenmedium hat heute – im Unterschied zu damals – in erster Linie für Leser bzw. Käufer, also Umsatz, zu sorgen.

Doch nicht nur der Buchmarkt hat sich geändert, vor allem hat sich die gesellschaftliche Umgebung verändert. Während das Wissen der Sterbebücher damals auf eine weitgehend geteilte, religiös geprägte Weltsicht Bezug nehmen konnte, gelingt das heute nicht mehr. Der Glaube an die christliche Lehre gehörte damals (mehr oder weniger) zur Selbstverständlichkeit, war, wie Imhof schreibt, „lebendiger" als heute (1991: 18). In diesem Weltbild hatten die Vorstellung eines Jenseits mit Himmel und Hölle sowie die Angst vor dem Teufel einen festen Platz. Die Sterbestunde hatte damals außerordentliche Bedeutung, denn das zukünftige Seelenheil entschied sich genau dann. Die „sittliche Verfassung des Menschen in der Todesstunde bedingt sein ewiges Geschick", so Rainer Rudolf in seinem Artikel zur mittelalterlichen *Ars moriendi* (1979: 144). In der Sterbestunde könnten die teuflischen Mächte die Seele in Versuchung führen. Hier galt es für den Sterbenden erfolgreich zu widerstehen. Die *Ars-moriendi*-Bücher waren somit Bestandteil der christlichen Seelsorge, ging es doch im Wesentlichen darum, „gottwohlgefällig" zu sterben (Imhof 1991: 19).

Mit der Durchsetzung eines naturwissenschaftlich geprägten Todesbildes hat die Kirche Konkurrenz bekommen. Gleichzeitig beherrscht der Tod keineswegs mehr alle Lebensäußerungen (Rudolf 1979: 144), wie das damals, insbesondere zu Pestzeiten, der Fall war, als er den Menschen noch jederzeit erreichen konnte. Ein hoch entwickeltes Gesundheitssystem hält Sterben und Tod weitgehend von uns fern. Das Sterben im Krankenhaus wird zur Regel, die Feststellung des Todes wird dem Mediziner überlassen. So schreibt Talcott Parsons 1958: „Der Arzt gehört zu den wenigen Berufen, die in unserer Gesellschaft regelmäßig und typisch mit dem Tod in Berührung kommen." Und: „Wenn der Geistliche gerufen wird", so Parsons weiter, „kommt er meist später als der Arzt" (24). Der Arzt ist sicherlich nicht der einzige Experte, der heute regelmäßig mit dem Tod zu tun hat. Neben den Berufen im Bestattungswesen sind hier Psychologen, Pädagogen oder Sozialarbeiter zu nennen. Der geistliche Beistand (eines Priesters) wird jedenfalls zur Option. Insgesamt fehlt es an einer einheitlichen Aufgabenstellung, wie es sie damals noch aufgrund der angedeuteten Bedingungen für die Bewältigung des Todes gab. Den Büchern geht damit die Verbindlichkeit ab, die noch die klassische *Ars-moriendi*-Literatur geprägt hatte. Statt von einer neuen *Ars moriendi* würde ich deshalb eher von „Letzten Ratschlägen" sprechen und diese Ratschläge zeichnet zweierlei aus: zum einen ihre Vielfalt (wie gezeigt), zum anderen der Autoritätsverlust der klassischen Experten aus den Bereichen Medizin und Kirche. Stattdessen sind es (u. a.) Psychologen, Esoterik-Erfahrene oder einfach persönlich Betroffene, die öffentlich das Wort ergreifen können und offenbar auf große Resonanz stoßen.

Anhang zum Material der Untersuchung

K Kast, Verena 1982, Trauern. Phasen und Chancen des psychischen Prozesses. Stuttgart: Kreuz.

KR1 Kübler-Ross, Elisabeth 1971, Interviews mit Sterbenden. München: Droemer-Knaur.

KR2 Kübler-Ross, Elisabeth 1984, Über den Tod und das Leben danach. Güllesheim: Silberschnur.

L Lampman, Greg R. 1996, Wie gerne hätte ich gesehen, was aus Dir wird. Briefe eines todkranken Vaters an seine kleine Tochter. München: Goldmann.

MG Meurois-Givaudan, Anne und Daniel 1995, Stationen eines Abschieds. Wegweiser auf der letzten Reise. München: Hugendubel.

P Picardie, Ruth 1999, Es wird mir fehlen, das Leben. Reinbek b. Hamburg: Rowohlt TB.

S Sachs, Robert 1999, Das Leben vollenden. Wie wir Sterbenden helfen, wie wir uns auf den eigenen Tod vorbereiten können. Frankfurt/M: Zweitausendeins.

SCH Schiebeler, Werner 1991, Der Tod, die Brücke zu neuem Leben. Beweise für ein persönliches Fortleben nach dem Tod. Der Bericht eines Physikers. Neuwied: Silberschnur.

ST Stone, Ganga 1997, Über das Ende hinaus. Umgang mit dem Sterben – Wege, Erfahrungen, Hoffnung. München: Goldmann.

Literatur

Brüggen, Susanne 2005, Letzte Ratschläge. Der Tod als Problem für Soziologie, Ratgeberliteratur und Expertenwissen. Wiesbaden: Verlag für Sozialwissenschaften.

Imhof, Arthur E. 1991, Ars moriendi: Die Kunst des Sterbens einst und heute. Wien u. a.: Böhlau.

Luhmann, Niklas 1996, Die Realität der Massenmedien. Opladen: Westdt. Verlag.

Nassehi, Armin 1995, Die Deportation als biographisches Ereignis. In: Georg Weber u. a.: Die Deportation von Siebenbürger Sachsen in die Sowjetunion 1945–1949. 2. Bd., Köln u. a.: Böhlau, S. 5–412.

Nassehi, Armin/Brüggen, Susanne/Saake, Irmhild 2002, Beratung zum Tode. Eine neue *ars moriendi*? In: Berliner Journal für Soziologie 12, 1, S. 63–85.

Parsons, Talcott 1958, Struktur und Funktion der modernen Medizin. In: Rene König/Margret Tönnesmann (Hg.): Probleme der Medizinsoziologie. Köln u. a.: Westdt. Verl., S. 10–56.

Rudolf, Rainer 1979, Ars moriendi I: Mittelalter. In: Gerhard Krause/Gerhard Müller (Hg.): Theologische Realenzyklopädie. Berlin: De Gruyter, S. 143–149.

Trauerbegleitung als Ars moriendi?

Ruthmarijke Smeding

„De omgang met leegte is iets dat iedereen moet leren,
wil het geheim van de liefde een kans krijgen"[1]
(„Lernen, mit der Leere umzugehen, ist etwas, was jeder muss,
damit das Geheimnis der Liebe eine Chance bekommt")

Es handelt sich hier um einen edukationswissenschaftlichen Beitrag, in dem ich die Trauerbegleitung *nach* dem Tode und nicht die Sterbebegleitung anspreche. Auf den ersten Blick erscheint das bei einem Titel über die Ars moriendi „nicht stimmig". Dennoch wollte ich es so stehen lassen, um einen besonderen Punkt der heutigen Trauerbegleitausbildungen zu illustrieren und vielleicht in einem neuen Sinn deuten zu können: eine Form einer heutigen Ars moriendi könnte z.B. sein: der Lehrweg, den Menschen heute auf sich nehmen, um anderen in ihrer Trauer beizustehen und mit ihnen auszuhalten, was nicht wegzudeuten ist: die Leere welche entsteht, wenn jemand gestorben ist. Zur gleichen Zeit lernen sie dadurch auch selber sehr viel über das Sterben und deren Folgen.

Meine Interpretation einer neuen Ars moriendi möchte ich klar machen, mittels eines Bezugs auf die Konzepte der Palliativbegleitung (*Palliative Care*), wie diese in den Sechzigerjahren von Dr. Cicely Saunders entwickelt wurden. Folgende Faktoren muss man sich demnach vor Augen führen:

1. Schmerzen sind ganzheitlich, d.h. sie sind vor dem Hintergrund physischer, psychologischer, sozialer, spiritueller und (von mir später angefügt) mentaler Zusammenhänge zu betrachten.

1 Carlo Leget, Ruimte om te sterven. Tielt 2003, S. 117.

2. Sowohl der Patient als auch sein System – ob dies nun Angehörige oder Wahlverwandte sind – gehörten zum Kreis derer, die begleitet werden müssen.
3. Von den ersten beiden Punkten ausgehend, ergibt sich eine dritte Überlegung: Wenn man sich um den Patienten und sein System vor dem Tod kümmern soll, folgt daraus fast automatisch der Auftrag, nachzuschauen, was denn nun nach dem Tod mit diesem System geschieht. Denn das lebt ja weiter, auch wenn der Patient gestorben ist.

Das ist für die 60er Jahre eine ungewöhnliche Konzeptualisierung. Clark (2002) ermittelte in seinem ersten Teil der biographischen Ordnung der Werke von Saunders, dass der Tod in ihrem Leben in den 60er Jahren eine große Rolle spielte.

„Physische Schmerzen, verbunden mit mentalen, sozialen und spirituellen Schmerzen, war ein Konzept, welches Saunders Anfang der Sechziger Jahre entwickelte. Schon 1963 sah sie, dass physischer und mentaler Schmerz einander beeinflussen, dass, wenn das Eine beeinflusst wird, das Andere sich automatisch mit verändert …“[2]

Für die Trauerbegleitung ergibt sich daraus folgender Rahmen:

Aus der Sicht des (zukünftig) überlebenden Systems bilden die Zeit des Sterbens, der Tod und die noch kommende Trauerzeit nach dem Tod, ein Triptychon. Die Zeit vor dem Tod, in der der Sterbende der Adressat vieler Gefühle, Erfahrungen ist – kurz das andere Ende einer gelebten Bindung, in der die andere Person dieser Bindung noch „hier“ ist – bedeutet, dass es noch Zeit gibt, etwas für das Überleben „danach“ zu tun: für die Zeit die kommen wird, wenn diese Bindung in einer Person zurück bleiben wird. Es ist die Gelegenheit und letzte Möglichkeit, noch Gutes zu tun, noch miteinander zu sein, noch nicht Gelebtes zumindest anzusprechen, auch wenn es nicht mehr gelebt werden kann. Gleichzeitig entstehen hier

2 David Clark, Cicely Saunders – Founder of the Hospice Movement, Selected Letters 1959–99. Oxford 2002, (*S. 9, Übersetzung, RmS*).

schon die lebenswichtigen Bausteine für die Zeit, die nach dem Ableben kommen wird.

Und dann?

- Dazu einige Zahlen: In Deutschland sterben pro Jahr ungefähr 800.000 Menschen. Wenn man von je *einem* Hinterbliebenen ausgeht, sind das 800.000 Hinterbliebene pro Jahr.
- Man geht bei Planungsberechnungen im Schnitt jedoch von 4–5 Hinterbliebenen pro Fall aus. Das ergibt mehr als *4 Millionen* „neue *Trauernde" pro Jahr.*
- Von diesen Menschen, so schätzt man momentan, schaffen 50–60% ihre Trauer ohne *„professionelle"* Hilfe.
- Ist dies der Fall, dann kann man im Ernstfall mit ungefähr 2 Millionen trauernder Menschen pro Jahr rechnen, die Hilfe bräuchten. Die Formen der benötigten Hilfe sind allerdings mit diesen Zahlen noch nicht klar umrissen.

Wer steht hinter diesen groben Berechnungen? Menschen vom Kleinkindalter bis zu alten Eltern, die ihre Kinder verlieren. Obwohl man davon ausgehen darf, dass die Mehrzahl ihre Trauer ohne professionelle Begleitung „schafft", stellt sich für die anderen doch die Frage nach adäquater Trauerbegleitung, und zwar für alle Altersgruppen. Diese Frage muss sich auseinandersetzen mit Erklärungsmodellen und Theorien einerseits und aktuellen Begleitmodellen andererseits.

Bevor wir den dritten Faktor der Konzeptualisierung von Palliative Care, und damit den Auftrag, die Hinterbliebenen zu begleiten, weiter betrachten, möchte ich vorweg noch die Frage nach dem Entwicklungskontext beantworten, damit die entstandenen Veränderungen der letzten Jahrzehnte besser einzuordnen sind.

Trauer ist kein isoliertes Phänomen. Sie setzt sich zusammen aus vielen unterschiedlichen Elementen, die man zum Beispiel mittels eines soziologisch basierten Ordnungssystems gliedern kann.

Die soziologische Entwicklung indiziert beispielsweise, dass Trauer, genau wie die von Saunders beschriebenen Schmerzen, ebenfalls ganzheitlich zu verstehen wäre.

In seinem Buch „*The Revival of Death*[3]" (1994) legt der britische Soziologe Dr. Tonzy Walter ein Modell vor, welches die Wandlungen in zeitlichen, kulturellen und gesellschaftlichen Formen beschreibt. Er benennt die unterschiedlichen Zeitgefüge als:

1. traditionell,
2. modern,
3. post-modern.

Bezieht man das auf den sozialen Kontext, in dem Menschen leben, dann sieht man eine Entwicklung von den traditionellen Lebensgemeinschaften, über die Kleinfamilien der Sechziger- bis Achtzigerjahren des 20. Jahrhunderts bis heute, wo Lebensformen entstehen, die nicht mehr dem ursprünglichen (christlichen) Bild der Familie entsprechen. Das Familienmodell als einzige Lebensform steht unter Druck und unsere Begleitmodelle, die sich daran orientierten, sind damit ebenfalls erneut gefordert, sich weiter zu entwickeln.

Auch die Autoritätszuweisungen haben sich geändert. Hatten früher traditionell Gott oder die Kirche mit ihren Amtsträgern als allein zuständig in Sachen Sterben, Tod und Trauer gegolten, so wurde in der Moderne diese Kompetenz fast völlig auf die Medizin übertragen. Hier hatten die Ärzte das letzte Wort und erst wenn die Aussichten hoffnungslos waren, wurde die „andere" Autorität, nämlich die von Gott und Kirche, wieder eingeladen.

Aussagen wie, „Mein Doktor verbietet mir ...", oder „bitte gehen Sie, Sie stören unseren Arbeitsablauf!", waren in den so genannten Modernen Jahren vor allem in Krankenhäusern üblich. Kinder durften wegen angeblicher Ansteckungsgefahren nicht ihre sterbenden Angehörigen zum Abschiednehmen besuchen und Besuchszeiten waren reguliert. Kaum einer zweifelte an den Behandlungsmethoden.

3 Die Rückkehr des Todes *(Titelübersetzung: RmS.)*

Wir sind dabei, dieses Bild zu verlassen. Menschen hinterfragen eine Behandlung, verlangen volle Aufklärung und Mitspracherecht. Gehe es um den Tod, so Walter, gelte heutzutage die Authentizität des Patienten als höchste Autorität. Zu Hause zu sterben gilt bei vielen Menschen als das Ideal, gefolgt vom Hospiz als gute Alternative. (Es geht nicht darum, wer da Recht hat, sondern darum, wie die meisten westlichen Gesellschaften dies momentan wahrnehmen und deuten.)

Verglichen mit der Ars moriendi in ihrer ursprünglichen Form, sehen wir, dass sie aus einer traditionellen Zeit stammt, die von christlichen Werten geprägt und dominiert wurde. Dem gegenüber steht heute, in der entstehenden Postmoderne, ein Wertesystem mit starker wirtschaftlicher Prägung und deutlichem Managementseinfluss auf den Sterbeprozess einerseits und einer allerorts verkündeten Patientenautonomie andererseits.

Betrachten wir neben dem *sozialen* einen zweiten Aspekt der Ganzheitlichkeit, dann können wir sehen, dass auch im *physischen* Bereich eine Verwandlung einsetzte, die, hier nur punktuell benannt, gut zu illustrieren ist mit dem Gemälde von Rembrandts „Anatomische Lektion". Darauf zeigt Dr. Tulp – auf einem öffentlichen Platz – am Beispiel einer zuvor erhängten Person, dass z. B. der Bewegungsapparat nicht von Gott gesteuert wurde (wie bis dahin angenommen), sondern, dass die mechanische Wirkung auch nach dem Tod noch manipulierbaren Muskeln zuzuschreiben ist. Mit dieser Entdeckung wurde eine lange Periode der (hier medizinischen) Forschung eingeleitet, die uns eine doppelt so lange Lebenszeit, einen starken Rückgang der Kindersterblichkeit und des Wochenbettsterbens sowie, heutzutage, neue Überlebenschancen bei Krebs brachte. Aber die Versachlichung und bloße Orientierung auf Krankheiten, die mit den Fortschritten in der Wissenschaft einhergegangen sind, rief Ende der Sechzigerjahre des 20. Jahrhunderts auch Proteste und eine Gegenbewegung hervor. Trotz aller Errungenschaften und wissenschaftlicher Fortschritte in der Medizin, sollte wieder mehr Menschlichkeit in die Krankenhäuser einziehen und der Blick auf den Menschen und nicht ausschließlich auf seine Krankheit gerichtet werden.

Andererseits ist es in Sachen Trauern wichtig festzustellen, dass die Wissenschaft uns auch zeigt, dass Trauer wahrscheinlich rein biologisch bedingte Faktoren kennt, wie erste Forschungen zeigen (Hall und Irwin, 2001[4] oder Strasser, 2000).

Einen dritten Aspekt der Ganzheitlichkeit der Trauer – in Parallele zu der Ganzheitlichkeit der Schmerzen – bilden die *psychologischen* Aspekte, die im Rahmen dieser Vorlesung mit den Entwicklungen rund um Elisabeth Kübler-Ross skizzenhaft illustriert werden.

Elisabeth Kübler-Ross wehrte sich gegen sprachliche Verstümmelungen von Schicksalen in Ausdrücken wie „das Mamma-CA von Zimmer 113" oder „der Lungenkrebs auf A-4.", Metaphern für einen buchstäblich menschenunwürdigen Umgang mit den Kranken.

Frau Kübler-Ross wurde aber vor allem bekannt wegen der von ihr beschriebenen Phasen des Sterbens, welche später auswuchsen zu gleichnamigen Phasen der Trauer. Leider wurden diese – in der Forschung nie bestätigten – Thesen berühmter als ihre Forderung nach einer stärker humanistisch orientierten Begleitung von Sterbenden. Sie kämpfte für eine andere Haltung im Umgang mit sterbenden Menschen und deren Angehörigen, vor allem auf jenen Ebenen, wo der Tod zum professionellen „Alltag" gehört.

Bis heute sind Kübler-Ross' Theorien und Erkenntnisse die meist gelehrten, obwohl es nicht nachweisbar ist, dass Menschen so trauern, weder vor dem Tod, noch nachdem der Tod die geliebte Person weggenommen hat. Eine auf diesen Phasen basierende Schulung ermutigt die Fachleute leider zur einseitigen Betrachtung des Themas: Das Fixieren darauf verhindert

4 Martica Hall, Michael Irwin: „Physiological Indices of functioning in bereavement", in: Margaret M. Stroebe/Robert O. Hanson/Wolfgang Stroebe/Henk Schut (Hg.), Handbook of Bereavement Research. Consequences, Coping and Care. Washington D.C. 2002.

eine ganzheitliche Sichtweise, in der es ein breites Spektrum an individuellen Ausdrucksformen gibt. Menschliches Verhalten wird in Schubladen (Phasen) „hineingedeutet" und die (Be-) Handlung kann nicht anders, als sich daran zu orientieren. Ganzheitlichkeit beschränkt sich so auf überwiegend psychologische/psychiatrische Erklärungen. 1993 erschien diesbezüglich ein Artikel in einer der renommiertesten Fachzeitschriften *(Death Studies)* mit dem ungewöhnlichen Titel :"Coping with Dying; what we should and should not learn from the work of Elisabeth Kübler-Ross."[5] Der Autor, Professor Dr. C. Corr, plädiert darin noch einmal für Kübler-Ross' stark humanistische Ansätze, aber auch dafür, ihre „Phasen der Trauer" nicht zu übernehmen.

Die psychologisch orientierte Welt adaptiert nur langsam die neu gewonnenen Einsichten. Viele Bücher werden außerdem in einer anderen als der deutschen Sprache publiziert, sodass die Autonomie der Trauernden in der Postmoderne noch oft mit Ideen der Modernde professionell behandelt wird.

Ein trauriges Beispiel dafür sind die von J. William Worden beschriebenen „4 Aufgaben der Trauer". Diese wurden erstmalig 1981 in englischer Sprache publiziert und 1987 ins Deutsche übersetzt. 1991 jedoch änderte Worden in einer neuen Publikation diese 4 Phasen drastisch, was weitreichende Effekte für die Entwürfe einer professionellen Trauerbegleitung hatte.

Diese Änderungen sind bei weiteren Übersetzungen in der deutschen Sprache jedoch sowohl den Übersetzerteams als auch der Redaktion dieser Auflagen wohl entgangen, denn sogar die in 2003 noch einmal aufgelegte „zweite Ausgabe" enthält immer noch die Verweise auf die vier Aufgaben von 1981. Damit schult Deutschland auf einem Entwicklungsstand von vor 25 Jahren. Das heißt, dass auch nächste Generationen von Ärzten, Psychologen, Sozialarbeitern, Seelsorgern und Ehren-

5 Charles A. Corr, „Coping with Dying, what we should and should not learn from the work of Elisabeth Kübler-Ross": Death Studies 17 (2003) 69–83.

amtlern mit diesen überholten „Aufgaben" auf die Trauernden zugehen.

Traueraufgaben nach J. William Worden			
	1981 (Deutsche Übersetzung: 1987)	**Neubearbeitete Ausgabe: 1991.** (weitere Bearbeitung: 2003)	**Deutsche „2. Ausgabe": 1999** jedoch Aufgaben unverändert (wie in 1981)*
Aufgabe 1	Den Verlust als Realität akzeptieren	Den Verlust als Realität akzeptieren	Den Verlust als Realität akzeptieren
Aufgabe 2	Den Trauerschmerz erfahren	Den Trauerschmerz **durcharbeiten**	Den Trauerschmerz erfahren
Aufgabe 3	Sich einer Umwelt anpassen, in der der Verstorbene fehlt	Sich einer Umwelt anpassen, in der der Verstorbene fehlt	Sich einer Umwelt anpassen, in der der Verstorbene fehlt
Aufgabe 4	Emotionale Energie abziehen und in eine andere Beziehung investieren	**Dem Verstorbenen in seinem eigenen Leben emotional einen anderen Stellenwert geben & sein eigenes Leben leben**	Emotionale Energie abziehen und in eine andere Beziehung investieren

Namentlich die unverändert gebliebenen Aufgaben zwei und vier in der deutschen Version, (s. dritte Kolumne) verweisen einerseits auf ein passives Durchstehen-müssen des Trauerschmerzes, andererseits auf ein Loslassen-müssen der Bindungen. Die letzte, vierte Aufgabe, deren Neuformulierung nicht übernommen worden ist, fügt den Trauernden oftmals unnötig zusätzliches Leid zu. Die häufig im professionellen

* Siehe auch: Chris Paul, Neue Wege in der Trauer- und Sterbebegleitung. Hintergründe und Erfahrungsberichte für die Praxis, Gütersloh 2001.

Rahmen geäußerte Aufforderung loszulassen und andere Beziehungen einzugehen, wie es die alte Aufgabe vier andeutet, bricht damit oft Copingmechanismen ab und entfremdet den „Patienten" von den eigenen Ansätzen, eine individuelle Art des Umgangs mit dem Verlust zu finden. In einem um Autonomie bemühten Gesundheitsbild könnten sie als Ressourcen gesehen werden. Nach meinen Erfahrungen löst das Arbeiten mit den „alten" Aufgaben oft Unverständnis, Widerstand und Unmut bei den Trauernden aus. Andererseits wird das begleitete Suchen nach einem Weg, der es ermöglicht, dem Verstorbenen emotional einen anderen Stellenwert zu geben, oft als sinnvoll erfahren. In einer „Weiterleben-müssen-ohne-dich-Welt", wo manches, was einmal Sinn machte, nun durch den Verlust nicht mehr stimmig sein kann, muss vieles hinterfragt werden. Aber das darf nicht auf Kosten der noch erfahrbaren Beziehung geschehen, die vielleicht weiterhin als Trostquelle verfügbar ist.[6]

Der vierte Bereich der Ganzheitlichkeit, die *religiös-spirituelle* Dimension, kommt bei einseitiger Orientierung nach Phasen oder Aufgaben dann oft gar nicht ins Blickfeld.

Gerade das Sterben und der Tod haben in der Moderne tiefe Auseinandersetzungen hervorgerufen, nicht zuletzt durch die Möglichkeit des Reisens zu fremden Kulturen und die Immigration vieler verschiedener Kulturvölker. In den Schulen z. B., aber auch in anderen Formen der täglichen Begegnung, kommen Gläubige vieler verschiedener Religionen zusammen.

Dazu kommen wissenschaftliche Fortschritte. Die Projektionsmöglichkeiten eines konkreten Himmels half den Menschen schon immer, sich vorzustellen, wie z. B. ihre toten Kinder dort lebten. Die Erkundungen des Alls (Gagarin: „Hier oben ist nichts") stellen das jedoch infrage. Des Weiteren ist vieles, was früher nur in den Elfenbeintürmen der Wissenschaft diskutiert wurde, heutzutage, nicht zuletzt dank Inter-

6 Das ist hier etwas einfach dargestellt. Es wäre bei komplizierten Trauerprozessen zu differenzieren; diese werden in diesem Kontext jedoch außer Acht gelassen.

net, einer breiten Öffentlichkeit zugänglich und dadurch stark entmystifiziert.

Dennoch ist die Spiritualität momentan wieder gefragt. Betrachtet man die Publikationen, so fällt auf, dass Spiritualität sich meistens auf die Zeit vor dem Tod bezieht.

Eine Ausnahme stellt das Buch von Klass „Spiritual Lives of Bereaved Parents“[7] dar. Darin berichtet er über spirituelle Copingmechanismen, welche Eltern entwickeln, die einander kennenlernen, *nachdem* ihre Kinder gestorben sind. Die „gute Ordnung“ (E. Weiher), zumindest in der westlichen Welt, wurde zerstört, weil Kinder nicht ihre Eltern, sondern Eltern ihre Kinder beerdigen mussten, in welchem Alter und als Folge welcher Ursache auch immer. Die Transzendenz der Beziehung, so wie Klass sie beschreibt, ermöglicht es vielen Eltern, trotz der enormen Aufgabe, ohne ihr Kind weiterzuleben, dieses Leben trotzdem wieder aufzunehmen. Es ist eine einzigartige Beschreibung der möglichen gegenseitigen Unterstützung trauernder Eltern.

Diese Beschreibungen erklären hoffentlich sehr anschaulich, warum die Trauer ganzheitlich betrachtet werden muss. Trauernde Menschen können erwarten, dass Angehörige der professionell mit Trauer betrauten Berufsgruppen – Ärzte, Pfleger, Seelsorger, Sozialarbeiter usw., aber auch ehrenamtlich Tätige – um die Erkenntnisse der neuesten Forschung wissen und danach handeln. Der Fortschritt der Wissenschaft, gerade auf dem Gebiet der Trauerbegleitung, verlangt Schulung und regelmäßige Fortbildungen, damit die zum Teil scheinbar „in Stein gemeißelten“ Auffassungen revidiert werden können.

Die fünfte Dimension in diesem Bild der Ganzheitlichkeit ist daher der *mentale* Bereich.

---

7 Dennis Klass, Spiritual Lives of Bereaved Parents. Philadelphia 1999, erscheint demnächst beim Huttenschen Verlag, Würzburg, in deutscher Sprache. Auskunft: k.braungardt@dao-net.de.

Benutzen wir die Kognition, um diese Ganzheitlichkeit nun mit einer Ars moriendi zu vergleichen, so wäre eine Edukationsanalyse in meinem Fall sinnvoll.

Betrachten wir die Ars moriendi als Lehre, so können wir sehen, dass dieses Modell passend für seine Zeit entwickelt wurde. Die meisten Menschen konnten damals nicht lesen, die Verbreitung von Wissen durch Worte war noch sehr beschränkt möglich und so hat man die Bildsprache zur Hilfe genommen – ein schneller Lernweg, kontextualisierte Edukation.

Außerdem sehen wir, dass die in der Ars moriendi angewandte Gegenüberstellung von Gut und Böse mit klarem Ausgang eine eindeutige, zielorientierte Methodik verfolgt. Der gewählte Lernprozess verlief kongruent mit der gelebten Wirklichkeit.

Historische Quellen belegen zudem einen Mangel an Priestern als eine Folge der Pest, wodurch die Menschen irgendwie selber für ihr „richtiges" Ende sorgen mussten. Die Ars moriendi zeigte nun den richtigen Weg: Ein rechter Weg für alle. Da man außerdem eng an- und beieinander lebte, war die soziale Kontrolle wahrscheinlich eine gute Implementierungskraft.

Vergleichen wir diese Ars moriendi mit meiner hier vorgestellten Trauer und deren Begleitung, dann werden einige Unterschiede ersichtlich:

Ars moriendi	**Trauerbegleitung**
▪ Uni-disziplinär	▪ Multi-disziplinär
▪ Vorinterpretiert / gedeutet und festgelegt	▪ Interpretationen momentan in der Diskussion (Worden, 2003. v.d. Bout, 1996)
▪ Jenseits orientiert: Die Zurückgelassenen werden zum „Hinterbliebenen". Sie sind und bleiben damit bestimmt aus der Sicht des Jenseits	▪ Diesseitig orientiert, nicht eindeutig, aber verbunden mit dem Jenseits: Von „Hinterbliebenen" zu *„Hier Bleibenden"*, mittels *Aktivierung der Trauernden*

Betrachten wir jetzt die Interpretationen seitens der Fachleute, welche meistens weitreichende Folgen für die Trauernden haben.

1996 wurde in den Niederlanden der erste Lehrstuhl für Trauerbegleitung eingeführt. Professor Jos van de Bout überschrieb seine Antrittsrede mit dem Titel „Trauerschleier".[8]

Trauerschleier, so van den Bout, hätten den Besitzer gewechselt. Sie hingen früher vor den Gesichtern der Trauernden, um sie zu schützen (man denke an Jacky Kennedy, als sie ihren Mann John F. Kennedy beerdigen musste). Solche Schleier hingen, so van den Bout, heutzutage vor der Wahrnehmung der Fachleute, z. B. in Form überholter oder angenommener Axiome und Modelle der Trauerbegleitung.

Beispiel eines solchen Trauerschleiers sei z. B. die Annahme, es gäbe einen „normalen" (allgemeingültigen) Trauerprozess, indem die Trauer sich entfalte und sich von „stark" über „weniger" zu „keine Trauer" entwickle.

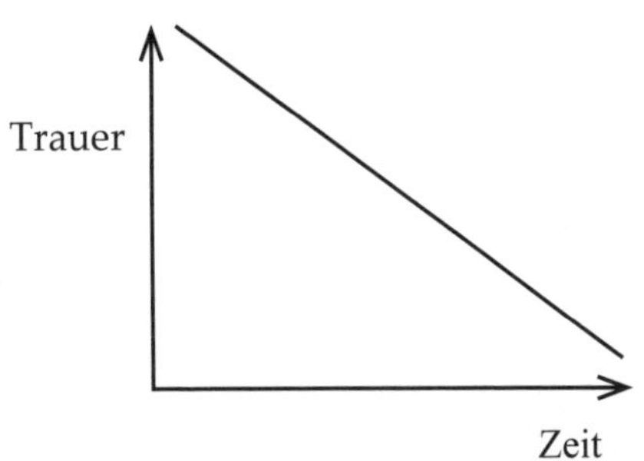

Beispiel eines professionellen Trauerschleiers: Der Richtige Trauerweg (v. d. Bout, 1996)

Ein weiterer Trauerschleier sei die Behauptung, „verlängerte" oder „hinausgeschobene" Trauer sei immer pathologisch. Ein dritter Trauerschleier besage, keine Trauer zu haben oder zu zeigen, sei eine Warnung für spätere Probleme. Trauer müsse erfahren und durchgearbeitet werden. Auch die Aussage, dass Trauer in 5 Phasen ablaufen sollte, verbannte van de Bout in den „Schrank" der überholten Trauerschleier.

8 Jan van den Bout, Rouwsluiers (*Trauerschleier*), Utrecht/NL 1996.

„Der Glaube der Hilfe-Leistenden an solche „Trauerschleier" kann nachteilige Folgen haben für die Trauernden. Zeigt eine Trauernde einen anderen Prozess als erwartet, dann wird dieses als „abweichend" beurteilt, mit der möglichen Folge, dass das, was, sich als normale Problematik darstellte, nun verschlimmert wird, mit allen dazugehörenden Folgen …" [9]

Damit kehre ich noch einmal zu Legets Aussage vom Anfang dieses Beitrags zurück. Er spricht davon, dass wir lernen müssen „umzugehen mit der Leere, … damit das Geheimnis der Liebe eine Chance bekommt." Bei diesem „Lernen-müssen" hilft uns nun, glaube ich, die Verbindung zwischen Trauerbegleitung und einer postmodernen Ars moriendi.

Trauern habe ich in meinem Modell so definiert: „Angerührt vom Tode, meinen Weg suchen um darauf weiter in meinem Leben zu gehen." Daran orientiert sich das Modell „Trauer Erschließen", das in meinen Trauerbegleitkursen geschult wird.

Trauerbegleitausbildungen „boomen" derzeit in Deutschland. Mir ist kein anderes west-europäisches Land bekannt, in dem diese Lehre so populär ist. Ich selber habe mein Modell „Trauer erschließen" (TE) in mehr als 35 Kursen von Flensburg bis Freiburg, von Bingen bis Berlin und weiter nach Osten durchgeführt. Der Kursinhalt hat sich im Laufe von 20 Jahren gewandelt, da der Unterricht sich an den neuen wissenschaftlichen Erkenntnissen orientiert. Im Jahr 2000 habe ich – in Zusammenarbeit mit einer breit orientierten, professionell basierten Arbeitsgruppe, in dem auch das Ehrenamt vertreten war – ein Kolloquium entwickelt und eingeführt zur freiwilligen Einführung eines Abschlussstandards.[10]

Die Lehre nach TE geht von der oben beschriebenen Ganzheitlichkeit aus und das Modell kennt in seinem Zentrum ein Loch (eine Leere), aus dem eventuell eine Quelle werden könnte. „Trauer erschließen" versteht die Trauerbegleitung als

9 Siehe: Jan van den Bout, a. a. O., S. 18, Übersetzung, RmS.

10 Wir arbeiteten ebenfalls mit an der Erstellung bundesweiter Standards, welche dieses Jahr verabschiedet wurden.

Lernprozess mit dem Ziel, einen inneren Raum zu eröffnen. Hier kann *die Deutung der Trauernden selber* langsam, anhand der multi-disziplinären Informationen und Reflektionen, auch zur Spiritualität führen.

Wie lehrt man so etwas?
Momentan gibt es einen neuen Ansatz. Der/die Begleiter/in muss lernen, die anfängliche Leere (das Loch) mit auszuhalten, ohne schmerzliche Gefühle weg zu interpretieren. Dies ist ein möglicher Anfang einer Trauerbegleitung und Symbol für die vielen Wege der „richtigen" Trauerbewältigung. Das Ziel der Ausbildung ist es, den anderen begleiten zu lernen.

Dieser Dienst am anderen (der/den zukünftig zu begleitenden Trauernden) wird in fast allen Trauerbegleitausbildungen über den Weg gelernt, *sein eigenes Leid* anzunehmen und „durchzuarbeiten". Dieses Leid muss nicht immer mit einem Todesfall verbunden sein. Es geht eher darum, sich selber wahrzunehmen und den Umgang mit Schmerzen und Leid wahrzunehmen, zu reflektieren. Auch Geduld zu haben ist ein wesentlicher Aspekt der Trauerbegleitung, wie ich sie verstehe, im Gegensatz zu denjenigen Begleitmodellen, wo Gefühle oft sofort gedeutet und (in Phasen/Aufgaben) eingeordnet werden müssen.

TE vermittelt, wie *Trost und Hoffnung* aussehen können, wenn die Motivation die Authentizität des anderen ist. Gemeinsam machen wir uns auf den Weg mit dem Ziel, diesen „emotional anderen Platz", wie Worden es in seiner vierten Aufgabe formulierte, zu finden. Jedoch bleibt es in TE nicht nur bei einem „emotional" anderen Platz, denn Quellen für das Weiterleben können und müssen auch mentale Analysen sein sowie religiöse und/oder spirituelle Copingmöglichkeiten.

Welche Vorraussetzungen braucht es, damit *die Eigendeutung* als strukturierendes Element in Gang kommen kann?
Man muss diesen Prozess erst selber erfahren und zu einer gewissen Gelassenheit gelangen, um ihn bei jemand anderem moderieren zu können. Berührt dieser Weg noch nicht immer eine Spiritualität, so kann Seelsorge über diesen Weg und aus-

gehend von einer täglichen und mittleren Transformation, wie E. Weiher diese beschrieb, doch auch einen neuen Anschluss zur großen Transformation finden.[11]

Eins der auffälligsten Phänomene in diesen Trauerbegleitausbildungen ist die bewusste Wahl der Teilnehmer dafür, den eigenen Schmerz (erneut) zu erleiden, um zu lernen, anderen zu helfen. Die gefundene Neuorientierung, nachdem das Leid überstanden ist, hilft dann dabei, andere Trauernde auf ihrem Weg zu begleiten. Nachdem man seine eigenen Erfahrungen gemacht hat, ist es möglich, die Eigenreflektion und Selbstheilungsprozesse des anderen mittels neu zu lernender Methoden und Lernwege wahrzunehmen und zu fördern.

Ist das einfach?
Nein! Gerade die Überbrückung vom eigenen Leid zum Leid des anderen ist ein Kampf, in dem es darum geht, den leeren Raum entstehen zu lassen, aufrechtzuerhalten und sich einzufühlen in das, was der andere einbringt, es mit aufzuspüren oder neu zu lernen.

Auf die Frage: „Was ist Trauerbegleitung?“, antworteten Kursteilnehmer/innen:

Trauerbegleitung ist
- der Versuch, das Unaussprechliche zu verstehen;
- Schmerz aufnehmen, zulassen können;
- weinen lassen können;
- an eigene Grenzen stoßen;
- in der eigenen Trauer von Trauernden begleitet werden.

Trauerbegleitung ist
- Angst mir vorzustellen, dass mir das Gleiche passiert;
- Angst vor den anderen als Erste zu weinen;
- Angst vor dem Abgrund;
- Angst vor der Ohnmacht;
- Angst vor der immerwährenden Wiederholung des Trauernden.

11 Siehe Erhard Weiher, Mehr als Begleiten, Ostfildern 2001.

Trauerbegleitung ist
– geben und nehmen;
– Lebenserfahrung empfangen;
– Lebenserfahrung entwickeln;
– Klagemauer sein und Animateur.

Trauerbegleitung ist
– Gottesbilder zerstören;
– Beziehung zu Gott entwickeln müssen;
– Hadern mit Gott;
– Suche nach einem neuen Gottesbild.

Eine Ausbildung in Trauerbegleitung in der Postmoderne ist ein Lehrweg. Er ermöglicht u.a. durch einen neuen Umgang oder Durchgang mit dem eigenen Leid zu lernen, wie man jemand anderen begleiten kann. Diese Orientierung an sich selbst wird in der Reflektion dann umgewandelt in die Möglichkeit, dem anderen dabei zu helfen, sich ebenfalls an sich selber ausrichten zu können, inklusive einer eventuell religiös/spirituellen Einstellung.

Statt Bilder oder Deutungen vorzugeben, ist es heutzutage wichtig, die Bedeutung einer „belastbaren" Leere zu vermitteln, in der erfahrungsgemäß die eigenen hilfreichen Bilder und Vorstellungen hochkommen können. Es hat sich immer wieder gezeigt, dass Begleiter und Begleiterinnen, die diese Erfahrungen selbst gemacht haben, es eher wagen, eine Leere auszuhalten, darin zu warten, um den Raum zu öffnen für das Eigene, es einzuladen, willkommen zu heißen und den Warteprozess selber als hilfreich zu empfinden.
In der Welt, welche einst die Ars moriendi malte, war „richtig" und „falsch" eindeutig definiert. In der heutigen Welt ist es vielleicht eher so, dass statt eines klar vorgezeichneten Weges, der Mut den leeren Raum entstehen zu lassen, die „höhere" Errungenschaft ist.

Es ist dann auch nicht so sehr das Endresultat, sondern eher der Weg, der vielleicht als die Ars moriendi für heute gesehen werden kann.

Freiwillig Leid auf sich zu nehmen, damit es „besser“ wird, dazu noch für bislang unbekannte Menschen, dafür an sich selber zu arbeiten, neue Einsichten zu gewinnen, das ist ein Weg, der auch heute noch Einsatz, Glaube, Liebe, Hoffnung und Geduld verlangt und entstehen lässt, immer wieder. Es sieht so aus, als würden in den heutigen Trauerbegleitausbildungen zumindest diese Werte gesucht, bewahrt und aktiviert, als Dienst an den trauernden, leidenden Menschen. Der Unterschied liegt im ummittelbaren Ziel: das Diesseits, welches sich nur gestalten kann in direkter Anerkennung und Verbindung zum oder in tiefem Respekt vor dem Jenseits.

Palliativmedizin

Claudia Bausewein

In den letzten Jahrzehnten hat sich auch in Deutschland eine scheinbar neue medizinische Fachrichtung, die Palliativmedizin, entwickelt. Palliativmedizin und Hospizbewegung hängen eng zusammen und haben sich zur Aufgabe gemacht, die Betreuung von schwerkranken und sterbenden Menschen sowie deren Angehörigen zu verbessern.

Hospizbewegung

Die moderne Hospizbewegung nahm ihren Anfang in den Sechzigerjahren des 20. Jahrhunderts in England. Cicely Saunders, eine englische Krankenschwester und Sozialarbeiterin, nahm sich besonders der Betreuung von Schwerkranken und Sterbenden an. Dabei erkannte sie grundlegende Defizite besonders auf ärztlicher Seite, die sie dazu veranlassten, selbst Ärztin zu werden, um die Versorgung sterbender Menschen zu verbessern. Sie verband die alte christliche Tradition der Sterbebegleitung, die in mittelalterlichen Hospizen praktiziert wurde, mit den Erkenntnissen der modernen Medizin, v. a. im Bereich der Schmerztherapie. Nachdem sie selbst einige Jahre im St. Joseph´s Hospice in London tätig war, gründete sie 1967 St. Christopher´s Hospice in London, das auch heute noch als die Geburtsstätte der modernen Hospizbewegung gilt. Von dort ging eine Bewegung aus, die sich zunächst in den angelsächsischen Ländern, später aber weltweit etablierte. Aus der medizinischen Betreuung in Hospizen entstand die Palliativmedizin als eigenständiges Fachgebiet. Dame Cicely Saunders war bis zu ihrem Tod 2005 aktiv an der Entwicklung der Hospizidee und Palliativmedizin interessiert und beteiligt.

Palliativmedizin

Im Gegensatz zur kurativen Medizin mit dem Ziel der Heilung von Erkrankungen konzentriert sich die Palliativmedizin auf die Linderung von Symptomen und die ausschließliche Verbesserung der Lebensqualität, wenn die Lebenserwartung des Patienten kurz ist. Pallium (lat. = Mantel) bedeutet dabei die Sorge um den Patienten und sein Wohlbefinden. Die Weltgesundheitsorganisation definierte 2002 Palliativmedizin als *„die Verbesserung der Lebensqualität von Patienten und ihren Familien, die mit einer lebensbedrohlichen Erkrankung konfrontiert sind. Dies geschieht durch Prävention und Linderung von Leiden mittels Früherkennung und hervorragender Untersuchung und Behandlung von Schmerzen und anderen Problemen physischer, psychosozialer und spiritueller Natur"* (WHO 2002). Palliativmedizin bezieht sich nicht nur auf die letzten Lebenstage und -stunden, sondern sollte schon frühzeitig in den Krankheitsverlauf integriert werden. Viele Patienten werden über Monate, gelegentlich sogar Jahre, palliativmedizinisch betreut. Hauptaugenmerk ist es, die dem Patienten verbleibende Zeit mit allen Mitteln so angenehm wie möglich zu gestalten. Eine Behandlung der Grunderkrankung hat zu diesem fortgeschrittenen Zeitpunkt der Erkrankung eines Patienten in den meisten Fällen stattgefunden oder ist nicht mehr möglich. Die WHO betont in ihrer Definition weiter, dass Palliativmedizin das Leben bejaht und Sterben als normalen Prozess betrachtet. Palliativmedizinische Betreuung zögert den Tod nicht hinaus, beschleunigt ihn aber auch nicht. Sie ermöglicht es dem Patienten, so aktiv wie möglich bis zum Tod zu leben und bietet der Familie Unterstützung während der Erkrankung des Patienten und in der Trauerphase (WHO 2002).

Palliativmedizin steht allen Menschen mit fortgeschrittenen Erkrankungen offen, die in absehbarer Zeit zum Tod führen. Traditionell werden bisher überwiegend Tumorpatienten begleitet. Aber auch Patienten mit fortgeschrittenen internistischen Erkrankungen, wie z. B. chronischen Lungen- und Herzerkrankungen, oder neurologischen Erkrankungen wie ALS können von palliativmedizinischer Betreuung profitieren. Die

Palliativmedizin wird sich mit zunehmender Etablierung im Gesundheitssystem auch diesen Patientengruppen öffnen und entsprechende Betreuungskonzepte entwickeln müssen, die den besonderen Bedürfnissen dieser Patienten gerecht werden.

Kommunikation

Die Kommunikation mit dem Patienten und den Angehörigen spielt gerade bei schwerer Krankheit und im Angesicht des nahenden Lebensendes eine zentrale Rolle. Um einem Patienten in seinem Leiden zu helfen, sollten wir zunächst verstehen, welche Beschwerden, Sorgen und Nöte er hat, wie er seine Erkrankung sieht und welche Wünsche er für die verbleibende Zeit hat. Durch ganzheitliche Betreuung, psychosoziale und seelsorgerische Unterstützung ermöglichen wir dem Patienten, sich mit der Frage nach dem Sinn seines Lebens und Sterbens auseinanderzusetzen und auch „letzte Dinge" zu regeln. Aufrichtigkeit und Wahrhaftigkeit sind dabei Grundvoraussetzung für den Umgang mit dem Patienten. Entscheidend ist nicht nur, *was* dem Patienten gesagt, sondern *wie* der Kontakt gesucht wird.

Eine wichtige Voraussetzung für die Auseinandersetzung mit Themen, die für den Patienten wichtig sind, ist die bestmögliche Beschwerdelinderung. Hier gehen Medizin, Pflege, Sozialarbeit und Seelsorge Hand in Hand.

Symptomkontrolle

Patienten, die an fortgeschrittenen Erkrankungen wie z.B. Krebs leiden, beklagen besonders in den letzten Wochen und Monaten ihres Lebens eine Vielzahl unterschiedlicher Beschwerden (Walsh 2002). Der Laie denkt bei Palliativmedizin zunächst an Schmerzlinderung. Schmerzen gehören mit zu den häufigsten Symptomen, die die Lebensqualität stark beeinflussen können.

Aus diesem Grund ist Schmerztherapie eine zentrale Aufgabe der Palliativmedizin. Aber Schmerzen sind oft nicht das einzige Symptom, das Patienten belastet. Dazu kommen Schwäche, Gewichtsverlust, Appetitlosigkeit, Atemnot, Übelkeit und Erbrechen, Verstopfung u. v. a. Zur Linderung dieser Symptome stehen eine Vielzahl von Medikamenten zur Verfügung, aber auch andere Behandlungsverfahren wie z. B. Strahlentherapie oder Nervenblockaden, kommen gelegentlich zum Tragen. Die Therapien richten sich nach den Beschwerden des Patienten. Eine Behandlung der Grunderkrankung findet im Rahmen der Palliativmedizin in der Regel nicht statt. Diese Art der medizinischen Behandlung bedeutet dabei nicht einen therapeutischen Nihilismus, sondern eine außerordentlich differenzierte und individuelle Therapie, für die ein qualifiziertes fachliches Wissen notwendig ist. Wesentlich ist ein auf den Patienten, seine Symptome und seine Situation abgestimmtes Vorgehen. Erst wenn die Symptome gut kontrolliert sind, hat der Patient die Möglichkeit, sich mit wichtigen Fragen und seinem sozialen Umfeld auseinanderzusetzen.

Rehabilitation

Durch das Fortschreiten der Erkrankung erfährt ein Patient zunehmende Beschränkungen, den Verlust seiner Selbständigkeit durch den körperlichen Verfall und damit seine wachsende Abhängigkeit. Ziel der Rehabilitation in dieser Lebensphase ist es, die Selbständigkeit des Betroffenen wiederherzustellen bzw. möglichst lange zu erhalten. Das Wohlbefinden kann durch Atem- und Körpertherapie gesteigert werden. Musik- und Kunsttherapie helfen Gefühle auszudrücken, wenn sie nicht ausgesprochen werden können. Kleine erreichbare Ziele helfen, die Unabhängigkeit und das Selbstwertgefühl des Patienten zu steigern, z. B. ein Spaziergang oder die selbständige Körperpflege. Ein wichtiges Ziel der palliativmedizinischen Rehabilitation ist es auch, die Entlassung und Betreuung zu Hause zu ermöglichen.

Betreuung in der Terminalphase

Neben der Begleitung in den Wochen und Monaten vor dem Tod spielt die Betreuung in der eigentlichen Sterbephase eine große Rolle, um ein würdevolles und friedliches Sterben zu ermöglichen. Sterben ist ein dynamischer Prozess mit physiologischen Veränderungen, die für die Umstehenden alarmierend sein können, wenn sie nicht verstanden und den Angehörigen nicht erklärt werden (Ferris 2003). Ein plötzlicher Tod ist bei Patienten mit Tumor- oder anderen chronischen Erkrankungen die Ausnahme. Meist zeichnet sich das Sterben in den Tagen vor dem Tod ab, es kommt zu deutlichen Veränderungen. Neue und belastende Symptome können in der Sterbephase auftauchen und ein friedvolles Sterben verhindern, das bei guter medizinischer Betreuung und Symptomkontrolle in den meisten Fällen möglich ist (Lichter 1990). In der Sterbephase steht im Vordergrund, die Situation für den Patienten so angenehm wie möglich zu gestalten, seine Würde zu erhalten und das Sterben weder zu beschleunigen noch zu verzögern.

Einer der zentralen Gedanken der Palliativmedizin ist es, Sterben als einen Teil des Lebens zu akzeptieren und den Tod nicht zu verdrängen oder zu verneinen. Damit wird das Sterben eines Menschen nicht zum Misserfolg eines Arztes oder eines Teams, sondern zur Herausforderung, einen Menschen in dieser Lebensphase zu begleiten und ihm einen würdigen Tod zu ermöglichen. Wichtig ist nicht die Länge des verbleibenden Lebens, sondern die Qualität, in der dieses Leben gelebt werden kann.

Begleitung von Angehörigen

Für Angehörige ist die Sterbephase eines Patienten meist eine sehr belastende Zeit. Oft liegt hinter ihnen bereits eine längere Phase der Begleitung verbunden mit Unsicherheit, Sorge, finanziellen Belastungen und erschöpfender Pflege. Angehörige und Freunde sollen durch professionelle Betreuer unterstützt werden, um den Patienten entsprechend den eigenen Möglichkeiten in der Sterbephase begleiten zu können. Ihre Zuwendung und Liebe sind für viele Sterbende von entscheidender Bedeutung für das Wohlbefinden. Die Belastung, unter der Angehörige stehen, sollte anerkannt und sie sollten immer wieder rückversichert werden, dass sie eine wichtige Rolle in der Sterbephase spielen.

Für viele Menschen ist die Begleitung eines sterbenden Angehörigen eine vollkommen neue Erfahrung. Vieles, was sie beobachten, macht ihnen Angst. Wiederholte Erklärungen über zu erwartende Veränderungen, das Ansprechen von Ängsten und die Klärung von Fragen geben den Angehörigen Sicherheit, um diese Zeit besser durchstehen zu können. Aber auch die Erlaubnis, auf sich selbst zu achten oder sich zurückziehen zu dürfen, wenn die Belastung zu groß wird, ist manchmal notwendig.

Wenn der Patient in einer Einrichtung verstirbt, sollte den Angehörigen zeitlich und räumlich ungehinderter Zugang ermöglicht werden, damit sie so oft und so lange wie gewünscht beim Patienten sein können. Viele Angehörige wollen in die Pflege miteinbezogen werden und übernehmen gerne einen „Liebesdienst" für den Sterbenden. Selbst wenn der Patient nicht mehr auf Ansprache reagiert, hilft es ihnen zu wissen, dass das Gehör wohl als letztes Sinnesorgan seine Funktion aufgibt und der Sterbende durchaus noch hören kann, auch wenn eine adäquate Reaktion nicht mehr möglich ist. Aber auch über Berührung und körperlichen Kontakt kann noch viel gesagt werden. Die letzten Tage und Stunden bleiben für Angehörige am stärksten im Gedächtnis verhaftet. Deshalb muss alles getan werden, dass der Sterbende in Würde und möglichst symptomfrei sterben kann.

Die Betreuung der Angehörigen geht über den Tod des Patienten hinaus. Viele Hospizeinrichtungen bieten Trauernden entsprechende Einzel- oder Gruppenbegleitung an.

Entscheidungen in der letzten Lebensphase

Gerade in den letzten Lebenstagen und -stunden ist es wichtig, Entscheidungen im Sinne des Patienten zu fällen, besonders wenn es um die Beendigung oder Nichteinleitung lebensverlängernder Maßnahmen geht. Solange ein Patient seine Einwilligung selbst geben kann, ist seine Entscheidung zu befolgen. Für den Fall, dass er sich nicht mehr äußern kann, sollten im Vorfeld sein Willen und seine Einstellungen geklärt und am besten in einer Patientenverfügung festgehalten werden. Diese ist dann für alle ärztlichen Entscheidungen bindend. Gleichzeitig sollte eine Person des Vertrauens durch den Patienten in einer Vorsorgevollmacht bevollmächtigt werden, um dem vorausverfügten oder mutmaßlichen Willen des Patienten Geltung zu verschaffen. Bei allen Entscheidungen sollte immer der Konsens aller Beteiligten gesucht werden (Borasio 2003).

Strukturelle Umsetzung der Palliativmedizin und Hospizarbeit in Deutschland

Bereits in den Sechzigerjahren gab es erste Kontakte aus Deutschland zu Dame Cicely Saunders und nach St. Christopher's. Trotzdem wurde erst 1983 die erste Palliativstation in Deutschland an der Universitätsklinik zu Köln und 1986 das erste Hospiz in Aachen eröffnet. Doch auch die weitere Entwicklung war zunächst zögerlich: Bis 1990 kamen nur zwei weitere Palliativstationen dazu. Erst durch ein Modellprojekt des Bundesministeriums für Gesundheit, das von 1991 bis 1994 bundesweit 16 palliativmedizinische Einrichtungen förderte, kam die Entwicklung deutlicher in Gang (Bundesministerium für Gesundheit 1997). Die Anliegen der Hospizarbeit und Palliativmedizin wurden bekannter und v. a. anerkannter. Die bundesweite Entwicklung der letzten 15 Jahre ist bemerkenswert. Im Jahr 2007 gibt es 148 Palliativstationen und 141 stationäre Hospize mit ca. 2500 Betten. Der bei ca. 50 Betten/1 Mio. Einwohner geschätzte Bedarf ist mit ca. 30 Betten/1 Mio. Einwohner immer noch nicht ausreichend gedeckt (Schindler 2007).

Im Gegensatz zu vielen anderen Ländern werden in Deutschland Palliativstationen und Hospize unterschieden. Palliativstationen sind eigenständige Einrichtungen, die immer an ein Krankenhaus angeschlossen sind und Patienten betreuen, die einer Krankenhausbehandlung bedürfen. Das Hauptziel der Betreuung auf einer Palliativstation ist die Kontrolle von Schmerzen und anderen Symptomen sowie die psychosoziale und spirituelle Begleitung. Eine Palliativstation wird immer durch einen in Palliativmedizin versierten Arzt geleitet. Bei Stabilität des Zustandes eines Patienten und Kontrolle seiner Beschwerden wird die Entlassung nach Hause oder in ein Heim angestrebt. Die Entlassungsrate in deutschen Palliativstationen liegt bei ca. 50 %. Die Finanzierung einer Palliativstation erfolgt über die Krankenkassen, so dass auf die Patienten keine zusätzlichen Kosten zukommen.

In einem stationären Hospiz werden Patienten in der letzten Lebensphase betreut, die nicht zu Hause sein können, aber auch nicht in einem Krankenhaus betreut werden müssen. In der Regel bleiben Patienten dort bis zum Tod. Ihre medizinische Betreuung übernimmt der Hausarzt. Stationäre Hospize sind eigenständige Einrichtungen, die zum Teil über die Kranken- und Pflegeversicherung, aber auch durch eine Eigenleistung des Patienten finanziert werden.

Da die meisten Menschen die letzte Lebensphase zu Hause verbringen und auch zu Hause sterben wollen, spielt die ambulante Hospiz- und Palliativbetreuung eine große Rolle. Bisher haben viele hundert Hospizdienste überwiegend psychosoziale Begleitung durch ehrenamtliche Hospizhelfer angeboten. Diese können aber nicht für die komplexen medizinischen und pflegerischen Probleme von schwerkranken und sterbenden Menschen im ambulanten Bereich aufkommen. Hauptamtliche palliativmedizinische Betreuung wurde nur von einzelnen Einrichtungen angeboten, da es bisher keine Regelfinanzierung gab. Mit der Gesundheitsreform haben die

Versicherten ab 2007 Anspruch auf spezialisierte palliativmedizinische Betreuung im ambulanten Bereich. Die Umsetzung der neuen gesetzlichen Regelung steht noch aus.

Aus- und Weiterbildung

In den letzten Jahren werden immer mehr Fort- und Weiterbildungsmöglichkeiten im Rahmen von Palliativmedizin und Hospiz angeboten. Im pflegerischen Bereich gibt es schon seit vielen Jahren eine berufsbegleitende Zusatzausbildung. Ehrenamtliche Helfer müssen eine Grundausbildung durchlaufen, bevor sie Patienten begleiten dürfen.

Die bisherigen Defizite der Ärzte in der Begleitung sterbender Menschen hängen auch mit dem Fehlen von Palliativmedizin und Sterbebegleitung in der ärztlichen Ausbildungsordnung zusammen. Dies änderte sich 2002, als Palliativmedizin, leider aber noch nicht verpflichtend für die Universitäten, in die studentische Ausbildung aufgenommen wurde. Damit beruht die Einbeziehung palliativmedizinischer Inhalte noch auf freiwilliger Basis; es gibt aber in der Zwischenzeit einige Universitäten, die Palliativmedizin, wie vielfach gefordert, als Pflichtlehr- und Prüfungsfach in den Lehrplan aufgenommen haben.

In der Zwischenzeit ist es in Deutschland auch möglich, Palliativmedizin als Zusatzbezeichnung zu einem Facharzt zu erwerben. Das ist gerade im Zusammenhang mit der Zunahme der spezialisierten Einrichtungen wichtig, da eine zusätzliche Qualifizierung der Ärzte hier notwendig ist.

Zusammenfassung

Mit zunehmender Lebenserwartung und dem vermehrten Auftreten von Tumorerkrankungen steigt der Bedarf an Hospiz- und Palliativbetreuung. Aber auch Patienten mit anderen lebensbedrohlichen Erkrankungen haben Bedürfnisse in der letzten Lebensphase, die eine qualifizierte Betreuung brauchen. Ziel ist die Erhaltung der Lebensqualität durch Symptomkontrolle, Kommunikation, und Rehabilitation. Die Betreuung der Angehörigen geht über den Tod des Patienten hinaus.

Palliativmedizin und Hospizarbeit sind in der Zwischenzeit im deutschen Gesundheitswesen etabliert, auch wenn die unterschiedlichen Betreuungsangebote im ambulanten und stationären Bereich noch nicht bedarfsdeckend sind.

Literatur

Borasio, GD, Putz W, Eisenmenger W (2003). Verbindlichkeit von Patientenverfügungen gestärkt. Deutsches Ärzteblatt 100(31–32):1716–1719.

Bundesministerium für Gesundheit (1997). Palliativeinheiten im Modellprogramm zur Verbesserung der Versorgung Krebskranker, Ergebnisse einer wissenschaftlichen Begleitung, Band 95 Schriftenreihe des Bundesministeriums für Gesundheit.

Ferris FD, Gunten von CF, Emanuel L (2003). Competency in End-of-Life Care: Last hours of life. Journal of Palliative Medicine 6(4):605–613.

Lichter I, Hunt E (1990). The last 48 hours of life, Journal of Palliative Care 6: 7–15.

Sabatowski R, Radbruch L, Loick G, Nauck F, Müller M (2005), Wegweiser Hospiz und Palliativmedizin 2005, Ambulante und Stationäre Palliativ- und Hospizeinrichtungen in Deutschland.

Schindler T (2007). Allgemeine und spezialisierte Palliativversorgung – aktuelle Entwicklungen. Deutsche Krebsgesellschaft Forum 3/07.

Walsh, Donnelly S, Rybicki L (2000). The symptoms of advanced cancer: relationship to age, gender, and performance status in 1000 patients. Support Care Cancer 8:175–179.

World Health Organization (2002). National Cancer Control Programmes: policies and managerial guidelines. 2nd ed., WHO, Geneva, pp. 83–91.

Literaturempfehlungen

Bausewein C, Roller S, Voltz R, Hg.: Leitfaden Palliativmedizin. Urban & Fischer, München Jena 2007.
Bausewein C: Sterbende begleiten. Echter Verlag,Würzburg 2005.
Husebö S, Klaschik E: Palliativmedizin. Springer Verlag, Berlin Heidelberg 1998.

„... eine Mischung aus Geborgenheit, Unterstützung und Freiheit“

Gestaltetes Sterben in der Hospizbewegung

Michael Strauß

„Hey, kapiert ihr nicht? Ich werde sterben!“

„Noch mal Leben vor dem Tod“ heißt die Ausstellung mit Fotografien von Walter Scheels und Texten von Beate Lakotta, die im März/April 2006 in Augsburg im Kreuzgang der St. Anna Kirche zu sehen war. Walter Scheels und Beate Lakotta haben in Hospizen Menschen begleitet und vor und nach ihrem Tod fotografiert.

Unter den Fotografien von Heiner Schmitz, einem ehemaligen Selbständigen aus der Werbebranche (52 Jahre alt), steht folgender Text:

„Die Jungs, mit denen Heiner seit Jahren kickt, kommen zum Fußballschauen. Die Mädels aus den Werbeagenturen bringen Blumen. Manche kommen zu zweit oder zu dritt, weil sie sich fürchten, mit ihm allein zu sein. Was redet man mit einem Todgeweihten? Andere gehen mit einem jovialen ‚... Lass dich bloß nicht hängen!‘ zur Tagesordnung über. Wieder andere wünschen ihm ‚gute Besserung‘ zum Abschied, ... ‚Mach ich‘, sagt Heiner, ‚alles klar‘.“

Heiner Schmitz dazu:

„Keiner fragt mich, wie´s mir geht, weil alle Schiss haben. Dieses krampfhafte Reden über alles Mögliche, das tut weh. Hey, kapiert ihr nicht? Ich werde sterben! Das ist mein einziges Thema in jeder Minute, in der ich allein bin.“

Von Betroffenen und ihren Angehörigen erfahren wir immer wieder, dass im Verlauf einer unheilbaren Erkrankung Kontakte zu Bekannten abreißen, selbst Beziehungen zu Freunden auf die Probe gestellt sind und Besuche seltener werden. Ein jüngerer Mann, dessen Frau auf Station war, erzählte von sich, dass er seit Wochen nur noch seinen Garten habe, und wollte Mitglieder des Teams gerne abends zum Wein trinken einladen.

Norbert Elias beschreibt diese Situationen in seinem Buch „Über die Einsamkeit der Sterbenden“: „Der Anblick eines Sterbenden rüttelt an der Phantasieabwehr, die Menschen wie eine Schutzmauer gegen den Gedanken des eigenen Todes aufzubauen neigen.“

„Hey, kapiert ihr nicht? Ich werde sterben!“

Und wir, egal in welcher Rolle, ob Professionelle – Ärzte, Pflegekräfte, Seelsorger, ehrenamtliche Hospizhelfer/innen – oder Angehörige, Bekannte und Freunde, wir sind von diesem „Ich werde sterben!“ in höchster Weise betroffen – betroffen von unseren ureigensten Ängsten, Wünschen und Hoffnungen, konfrontiert mit unserem eigenen Sterben, von dem wir nicht wissen, wann und wie, aber dass es sein wird, ist uns gewiss. Dieses „Ich werde sterben!“ bedeutet auch: Ihr werdet sterben!

Gerade aus dieser existentiellen Mitbetroffenheit erwächst die Basis einer Solidarität in der Begleitung von schwerstkranken und sterbenden Menschen.

Elisabeth Kübler-Ross formuliert: „Umgang mit Sterbenden kann nur einer erlernen, der bereit ist, sich durch das Sterben anderer an seinen eigenen Tod erinnern zu lassen.“

Gleichzeitig bleibt mir dieses Geschehen des Sterbens eines Menschen entzogen, fremd, verborgen und unverfügbar – und das ist gut so. Es hat auch etwas zu tun mit der Würde und dem Respekt vor dem Voraus eines Sterbenden.

Lernen, in unseren Fragen zu Hause zu sein

Gestaltetes Sterben in der Hospizbewegung: Was heißt das? Was sind Voraussetzungen? Einige Aspekte seien genannt:

Es braucht immer wieder Menschen, die den Mut haben, ins Stottern zu geraten am Bett eines schwerkranken, sterbenden Menschen, – die aber dann trotzdem sitzen bleiben und nicht weglaufen vor diesem Menschen und seiner für ihn unausweichlichen Situation oder dann – als Pendant dazu – in übermäßige Aktivität ausbrechen. Es braucht Menschen, die innehalten und schweigen.

In der Begleitung schwerstkranker Menschen geht es nicht darum, Antworten zu haben. Es geht darum, Ratlosigkeit und Frage, Verzweiflung und Hoffnungslosigkeit mit auszuhalten und Raum zu geben der Frage nach dem Sinn des Lebens, nach dem Glauben und seiner Praxis.

Und oft haben die Menschen tief in ihrem Inneren ihre eigenen Antworten auf ihre Fragen und sie brauchen die Gelegenheit, sie entwickeln zu können, es braucht jemanden, der zuhört.

Eine 68-jährige Frau, die an Brustkrebs erkrankt war, kam Ende November zu uns auf Station. Sie war bettlägerig, hatte einen dicken, lymphgestauten rechten Arm, war ansprechbar und klar und hatte eine große Hoffnung auf Besserung. Sie wollte wieder heimgehen und hoffte in jeder stabileren Phase, dass es gehen würde. Nach zwei Wochen erzählte sie uns ihren Traum der letzten Nacht: Ein freundlicher, völlig schwarz gekleideter junger Mann kommt zu ihr ins Zimmer, nimmt den großen Kalender von der Wand, der schräg ihr gegenüber hängt, zeigt ihr das aufgeschlagene Kalenderblatt, hängt ihn wieder hin und geht. „Hätten Sie gedacht, dass es mir so schlecht geht?", fragte sie uns. Im selben Monat, zehn Tage später, stirbt sie.

Vielleicht müssen wir mehr lernen, in unseren Fragen zu Hause zu sein, vielleicht in ähnlichem Sinn, wie es Rainer Maria Rilke in einem Brief formuliert hat: „Ich möchte Sie, so gut ich es kann, bitten, Geduld zu haben gegen alles Ungelöste in Ihrem Herzen, und zu versuchen, die Fragen selbst lieb zu haben wie verschlossene Stuben ... Leben Sie ... die Fragen. Vielleicht leben Sie dann allmählich ... in die Antwort hinein."

Mit-Aushalten, ohne schon im Voraus zu wissen

„Wachet mit mir", war die Aufforderung Jesu an seine Jünger am Ölberg – dableiben und das Unaushaltbare mit aushalten. Und ich denke: Genau dies ist eine Qualität unseres Tuns. Und erst, wenn ich mitgewacht, mit ausgehalten habe, Karfreitag und Karsamstag, kann es an der Zeit sein, von unserer Hoffnung zu reden.

Es braucht eine Kultur des „Nichtwissens", des Nicht-schon-im-Voraus-Wissens, was für diesen Menschen gut ist: einen „Geist der Absichtslosigkeit", wie es Monika Müller beschrieben hat, – verbunden mit einem hohen Maß an persönlicher Präsenz und Aufmerksamkeit für die Person, nicht nur für ihre Erkrankung, und für den Weg des Sterbenden und seiner Angehörigen.

Ein kleines Beispiel für dieses „Wissen im Voraus": Öffentlichkeitswirksam wird Sterbebegleitung oft im Bild des „Handhaltens" dargestellt. – Hoffentlich hat die haltende Hand die andere Hand gefragt, ob sie diese Berührung erlaubt und dann auch als angenehm empfindet!

Der Heimatpfarrer einer 30-jährigen Frau, die im stationären Hospiz starb, schrieb uns: „Doch welch gute Erfahrung wartete im St. Vinzenz Hospiz auf die junge Frau, ihre Eltern und ihren Freundeskreis: Die liebevolle aufmerksame Fürsorge im Hospiz war eine wohltuende Mischung aus Geborgenheit, Unterstützung und Freiheit."

Freiheit heißt: Unterstützung zu bieten, damit sterbende Menschen und ihre Angehörigen, Partner, Freunde diese letzte Lebenszeit bis hinein in die Todesstunde nach dem Bild ihres eigenen Lebens gestalten können.

„Leben bis zuletzt"

Cicely Saunders hat dies auf unnachahmliche Weise formuliert: „Sie sind wichtig, weil Sie eben Sie sind. Sie sind bis zum letzten Augenblick ihres Lebens wichtig, und wir werden alles tun, damit Sie nicht nur in Frieden sterben können, sondern auch bis zuletzt leben."

Dies ist der Kernpunkt jeglicher Hospizarbeit: Räume eröffnen, damit dieses „Leben bis zuletzt" in Würde möglich ist, so autonom und selbstbestimmt wie möglich. Und ich denke, wir haben in unserem Gesundheitswesen noch einiges zu lernen, was Autonomie und Selbstbestimmung wirklich bedeutet.

Was sind die Gestaltungsmöglichkeiten konkret in der Hospizbewegung?

Gestaltung hat immer etwas mit dem einzelnen Menschen zu tun:

Was wären Gestaltungswünsche für Sie selbst? – wenn Sie annehmen würden, dass Ihnen in einer letzten Lebensphase Möglichkeiten zur Gestaltung bleiben. Hätten Sie eine Idee für einen Wunsch?

Wichtige Lebensbedürfnisse, die Grundanliegen Ihres Lebens, oder kleine liebgewonnene Alltagsannehmlichkeiten – haben sie Bedeutung für Ihre letzte Lebensphase?

Und falls Sie begleitet würden? Gibt es etwas, das in einer Begleitung für Sie nicht passieren dürfte? Gibt es etwas, das unbedingt geschehen müsste?

Die Bereiche des Engagements der Hospizbewegung

Das Spektrum des Engagements der Hospizbewegung möchte ich anhand der Arbeitsbereiche des St. Vinzenz Hospizes kurz verdeutlichen:

Alles zu versuchen, damit es einem schwerstkranken Menschen möglich ist, zu Hause zu sein und zu sterben, ist Kernauftrag der Hospizbewegung. Dies wird geleistet durch unseren ambulanten Hospiz- und Palliativberatungsdienst, die hauptamtlichen Hospizschwestern und die ehrenamtlichen Hospizhelfer/innen.

Ist eine ambulante Betreuung nicht möglich oder reicht sie nicht aus, steht das stationäre Hospiz mit 9 Betten in Hochzoll als „letztes Zuhause“ zur Verfügung, wobei wir hier auch Betroffene für einige Tage aufnehmen, deren Angehörige einfach mal ausspannen und sich erholen müssen.

Die Hospizarbeit hat sich ausgeweitet auf Begleitungen in verschiedenen Stationen im Krankenhaus und in den letzten beiden Jahren auf Altenheime, wo Hospizhelferinnen in Absprache mit dem Heim Begleitungen übernehmen, weil das hauptamtliche Personal dies in dieser Zeitintensität nicht übernehmen kann.

Es ist auch unsere Aufgabe den zurückbleibenden Angehörigen einen Raum zu bieten für ihr Gedenken und ihre Trauer. Im St. Vinzenz Hospiz tun wir das in Gedenkgottesdiensten für die Angehörigen der Verstorbenen, bieten wir Trauergruppen und Einzelgespräche an.

Um dies leisten zu können, braucht es Hauptamtliche, die eine Ahnung haben von Palliative-Care, von Pflege, Begleitung und medizinischer Therapie von schwerstkranken und sterbenden Menschen und der Begleitung der Angehörigen. Und es braucht ausgebildete ehrenamtliche Hospizhelfer/innen in der Begleitung, die sich zur Verfügung stellen für das, was dieser Mensch und seine Angehörigen jetzt brauchen, sei es in den Familien daheim oder in den stationären Einrichtungen.

Öffentlichkeitsarbeit ist für uns eine wichtige Säule, um die Möglichkeiten von Hospizarbeit bekannt zu machen und an einer Änderung der Einstellung gegenüber Sterben und Tod und damit auch gegenüber sterbenden Menschen in unserer Gesellschaft mitzuwirken.

Möglichkeiten und Grenzen einer Begleitung sterbender Menschen sind fließend und orientieren sich an den Bedürfnissen, Wünschen und Möglichkeiten der betreuten Person und den Angehörigen, aber auch an den Möglichkeiten der betreuenden Begleiterin bzw. des begleitenden Teams.

Vom Umgang mit der Zeit

„Leben bis zuletzt“, dieser grundlegendste Anspruch der Hospizbewegung, beinhaltet, dass möglichst der betroffene Mensch mit seinen Bedürfnissen den Rhythmus im Umgang mit der Zeit vorgeben kann.

Für die Hospizstation heißt das z. B. auch ganz einfach: Wie lange möchte jemand schlafen?

Es bedeutet aber auch die Notwendigkeit eines situationsbezogenen Umgangs mit der zur Verfügung stehenden Zeit: Spirituelle Fragen, emotionale Themen, psychische Prozesse sind oft nicht vorhersehbar oder planbar. Neben strukturierter, gut geplanter Pflege und medizinischer Therapie braucht es Freiräume, um sich spontan auf gegenwärtige Situationen einlassen zu können. Es reicht nicht, ab und zu vorbeizuschauen, ob jemand noch lebt oder schon gestorben ist.

„Warte nicht!“ ist ein weiterer hospizlicher Grundsatz im Umgang mit Zeit.

Immer wieder gibt es unabgeschlossene Lebenssituationen, die noch nicht „gut genug“ sind, um gehen zu können, die umtreiben; Situationen, die den Menschen nicht loslassen.

Oft sind es Beziehungen zu nahestehenden Menschen, wo wir unsere Hilfe anbieten, weil wir merken, dass da etwas nagt oder die Sehnsucht spürbar wird, einen bestimmten Menschen noch einmal zu sehen, zu sprechen, sich zu verabschieden. Dann rufen wir diesen Menschen an, aber nicht erst übermorgen – heute noch.

Und immer wieder gilt es auch Unversöhntes mitzutragen.

Ein älterer Kroate auf Station wünschte sich „Fleisch, wo in Rauch hängt“. Eine Hospizhelferin kaufte für ihn ein – am selben Tag. Wer weiß, was morgen ist oder in einer Woche. Für ihn war dieses Rauchfleisch nicht nur ein Abendessen, es war ein Kristallisationspunkt von Situationen seines Lebens, – auch so kann Lebensbilanz gehen.

„Leben bis zuletzt“ heißt: Leben im Hier und Jetzt. Der gegenwärtige Augenblick ist kostbar, und in dieser Gegenwärtigkeit haben auch Freude und Feiern, Lachen und Humor ihren Platz, weil das zum Leben dazugehört.

Wahrhaftigkeit als innere Haltung

„Leben bis zuletzt“ bedingt eine Haltung der „Wahrhaftigkeit“ bei den Begleitenden.

An einem Vortragsabend zum Thema Kommunikation mit Sterbenden steht ein älterer Mann auf und erzählt von einem Gespräch mit einem jungen Arzt: „Machen Sie sich mit Ihrer Frau noch einige schöne Monate, nehmen Sie sie mit nach Hause, wenn es Ihnen möglich ist.“

Und dann erzählt er von seiner Reaktion: „Ich wäre ihm beinahe an die Gurgel gegangen, und mir hat es schier den Boden unter den Füßen weggezogen, aber heute bin ich diesem Arzt unendlich dankbar für seine offenen und klaren Worte.“

Was passiert dadurch? Der Arzt mutet sich Unwillen, Zorn zu, eine unangenehme Situation, die eigentlich jeder gern vermeidet, aber er schafft Raum für eine andere Hoffnung, für neue Impulse, für ein „Lebens bis zuletzt“.

In der Lebensbegleitung Schwerstkranker und Sterbender braucht es Menschen, die in all den notwendigen und wichtigen Kompetenzen ihrer Profession sich selbst als Mensch, mit dem, was sie persönlich ausmacht, zur Verfügung stellen, ohne Methode und ohne Absicht, nicht im Mitleid, sondern in Respekt.

„Hey, kapiert ihr nicht? Ich werde sterben!“

Mein Eindruck: Trotz all unserer redlichen Bemühung, wir verstehen nicht wirklich. – Und trotzdem: Menschen in der Hospizbewegung versuchen, solidarisch in leidvollen Situationen, in Trauer und Klage, Räume offen zu halten für eine gemeinsame Suche:

nach dem, was Halt und Trost geben könnte,
nach dem, was meinem Leben Sinn und Bestand gibt,
nach dem, was im Augenblick einfach angenehm ist und Freude macht,
nach dem, was jetzt „leben“ heißt.

Autorinnen und Autoren

Arntz, Klaus, Dr. theol., ist Professor für Moraltheologie an der Universität Augsburg.

Bausewein, Claudia, Dr. med., M Sc, Oberärztin der Palliativstation am Klinikum der Ludwig-Maximilians-Universität München-Großhadern.

Brüggen, Susanne, Dr. rer. pol., Soziologin, Wissenschaftliche Mitarbeiterin der Pädagogischen Hochschule Thurgau/Österreich

Smeding, Ruthmarijke, PhD, Referentin für Aus-, Weiter- und Fortbildungen im Palliativ- und Trauerbereich, Würzburg, Brüssel/Belgien.

Strauß, Michael, Dipl. theol, Stationsleiter des St. Vinzenz-Hospiz e. V., Augsburg.

Vorgrimler, Herbert, Dr. theol., Prof. em. für Dogmatik und Dogmengeschichte an der Universität Münster/Westfalen.

Wils, Jean-Pierre, Dr. theol., Professor für Theologische Ethik an der Universität Nijmegen/Niederlande.